리스본, LIFE IS GOOD

Copyright © 2025, 박미경

리스본
LIFE IS GOOD

박미경 지음

차례

Prologue ··· 6

드디어 리스본

리스본, 그 강렬한 첫인상 ··· 26
여행지에서 첫 번째 할 일 ··· 34
어쩌다 어른이 되었지만 ··· 42
리스본의 트램과 탈 것들 ··· 47
인연은 비행기 안에서 찾아왔다 ··· 57
우연과 운명 사이 ··· 64
소설가와 서점, 그리고 추억 ··· 70

걸어서 리스본

여행을 계획하는 우리의 방식 ··· 80
하늘 한 번, 땅 한 번 ··· 85
아줄레주의 비밀 ··· 93
꽃과 나의 엇갈린 관계 ··· 99
리스본을 바라보는 현명한 방법 ··· 105
도시의 전통은 길을 따라 흐른다 ··· 115
멈춰버린 세상 ··· 123

리스본에서 삼시 세끼

우리의 세끼 생활 … 128
맛집을 찾는 우리의 방식 … 133
관광지의 숨은 맛집 … 141
근교 맛집의 런치 스페셜 … 148
술과 해장에 관한 우리의 방식 … 153
리스본의 커피, 그리고 카페 … 163
리스본에선 나타 … 170
은퇴를 결심하다 … 178

여행과 사람

관계의 재설정 … 186
여행의 순간을 나누는 방법 … 191
페리 타고 카실라스 … 195
기차 타고 신트라 … 201
오버투어리즘과 리스본 … 208
그리움으로 세투발 … 212
정리가 필요해 … 219
에스프레소 잔에 담긴 정情 … 224

Epilogue … 228

Prologue

직장인이라면 누구나 공감하겠지만, 매일 아침 출근을 위해 잠에서 깨는 일에는 적잖은 에너지를 소모해야 한다. 나 역시도 그러했다. 특히나 젊었던 그 시절엔 왜 그리도 피곤했던지, 모닝콜이 몇 번이나 울린 뒤에야 겨우 몸을 일으키곤 했다.

출근해서 처리해야 할 일들이 쌓여 있는 날이면, 애꿎은 알람 소리에 화풀이하면서도 모닝콜을 포기할 수 없었다. 잠자리에 들 때는 아침을 깨워줄 든든한 동반자인데 아침이면 그 소리가 너무나도 싫었으니, 그 엇갈린 관계를 풀어줄 방법이 존재하긴 하는 걸까.

스마트폰이 대중화되기 전에는 자명종 시계들이 우리의 아침을 책임졌었다. '따르릉따르릉…' 우렁차게 울리던 기본 스타일의 탁상시계 외에도 '일어나! 일어나!…'를 외치던 귀여운 아이의 소리를 비롯하여 다양한 멘트로 잠을 깨워주는 시계들이 유행하기도 했었다. 요즘은 레트로 감성을 앞세워 다시 자명종 시계들이 인기를 얻고 있는 모양이다.

무엇이 되었거나 단잠을 깨우는 모닝콜의 소리는 친해질 수 없는 적과의 동침일 뿐이다. 내일 아침엔 좀 더 다정하게 깨워주길 바라며 아름다운 클래식 선율이나 유행하는 가수의 노래로 조심스럽게 설정을 바꿔보기도 했지만, 그 역시 모닝콜일 뿐, 어렵게 선정한 그 음악 역시 나를 깨우는 최악의 선곡이 될 수밖에 없었다.

한때 '아침형 인간'이라는 트렌드가 유행한 적이 있었다. 늦잠을 자면 세상에 뒤처져 루저로 밀려날 것 같은 두려움을 갖게 하는 말이었다. 아침 시간을 제대로 보내는 방법에 대한 책들이 쏟아져 나왔고, 그런 자기계발서를 읽을 때마다 스스로를 다잡으며 일찍 일어나기를 실천하려고 노력했던 생각이 난다. 대부분 작심삼일로 끝났지만.

그때는 아침 시간의 5분은 낮의 50분과 맞먹는다고 생각될 만큼 늘 부족했다. 가족의 아침 식사를 챙기고 아이를 학교에 보낸 후의 출근길은 항상 빠듯했다. 그 시절의 팀장님과 과장님들은 왜 그리도 일찍 출근하시던지, 9시가 임박해 사무실에 도착하면 근엄하게 자리를 지키며 앉아 계신 그분들이 원망스럽기까지 했다. 지각을 한 것도 아니니 당당하게 들어가도 될 터인데도 괜스레 움츠러들곤 했던 소심한 젊은이였다.

내가 퇴직한 이후, 아침 시간에 대해 부러움 가득한 시선으로 물어오는 후배들이 있다. 그들은 아마도 자유로운 나의 하루, 특히 아침에 꾸역꾸역 일어나야 하는 직장인의 생활에서 벗어난 데 대한 로망을 갖고 있는 듯하다. 나도 그랬으니까.

하지만 지금도 나는 이전히 일정한 시간에 일어난다. 몸이 기억하는 시간이 있어서인지 자연스럽게 아침을 맞는다. 다만 모닝콜은 예전보다 늦게 설정해 두었는데, 대부분 내가 먼저 일어나 알람이 울리기 전에 해제해 버린다. 나를 괴롭히던 이 지겨운 녀석을 이겼다는 성취감으로 하루를 시작하는 재미도 혼자만의 작은 즐거움이다.

사실 은퇴 후 더 큰 즐거움은 일어나는 시간보다 아침을 보내는 나의 모습이다. 잠옷 차림으로 어슬렁거리며 커피를 내리고, 베란다에 나가 바쁜 아침을 열어가는 세상을 내려다보며 도로에 꼬리를 물고 이어지는 자동차 행렬을 남의 일로 즐기는 것이다. 아직은 이런 아침이 신기하기도 하지만, 평화로운 아침에 감사하며 설레는 맘으로 하루를 시작한다.

직장인의 바쁜 아침에서 벗어나며 모닝콜과의 관계에서도 자유로워졌지만, 오늘 아침만큼은 다시 친구가 되었다. 처음으로 계획한 긴 유럽 여행을 떠나는 날인 데다, 오랜만에 '그'를 만난다는 설렘으로 아침 일찍 울려대는 모닝콜을 반갑게 맞으며 가볍게 일어났다.

오늘은 나에게 특별한 날이 될 것이다. '호주에 사는 그 남자'가 인천공항으로 날아온다. 그는 호주에서 고향인 독일로 가기 위해 매번 우리나라 국적기인 K 항공을 이용하고 있고, 그런 이유로 인천공항에서 환승을 한다. 그런 그가 이번에는 나와 함께 여행을 떠나기 위해 인천으로 온다. 그에 대해서는 우리의 여행 이야기와 함께 차차 풀어놓기로 하겠다.

그에 앞서 이 모든 이야기의 시작점인 '나'에 대해 간략하게나마 소개하겠다. 나는 지방 도시에서 30년 넘게 공무원으로 일했다. 지방직 공무원이라고 하면 주민센터나 구청의 민원실에서 만나는 민원 담당 공무원을 먼저 떠올리겠지만, 나는 전체 경력의 절반 이상을 D광역시의 지역산업 육성 부서에서 일했다. 그 덕에 '갑'이 아닌 '을'의 입장으로 직장 밖에서 많은 사람을 만났고, 다양한 경험도 쌓을 수 있었다.

하지만 정년을 몇 년 남기고 은퇴를 결정했다. 주변에서 모두 의아해했고, 반응도 다양했다. 그도 그럴 것이 '철밥통'이라 불리는 직장을 스스로 그만둔다고 하니 그 배경이 의심스러웠나 보다. 사고를 쳐서 잘렸거나 몸이 아픈 건 아닌지를 의심하고 걱정하는 친구들도 있었다. 직장 내에서는 누군가의 추측이 만든 '카더라'에 의해 이미 새로운 일을 시작했다는 소문이 퍼졌다고도 한다. 나의 앞날을 걱정하는 고마운 사람들의 따뜻한 관심일 뿐이다.

언젠가부터 영화 〈리스본행 야간열차〉에서 주인공이 던진 절박한 물음만큼 나 또한 내 삶에 대해 어렴풋한 의문을 품기 시작했다. 나의 인생은 무엇이었을까? 나는 무엇을 했으며, 무엇을 위해 살아왔을까? 내 삶에서 가장 소중한 가치는 과연 무엇일까?

열정과 신념으로 뜨겁게 살았던 사람들의 이야기를 들을 때면, 지나온 나의 삶을 되돌아보게 된다. 젊었을 때는 모든 것이 영원할 것 같았고, 나 또한 그들만큼 빛나는 삶을 살 수 있을 거라 믿었다. 그러나 지금, 그 시절의 나는 어디론가 사라지고 지난 시간을 돌이키며 무수한 질문에 사로잡힌 중년의 내가 있다.

나는 멀티태스킹 능력이 없다. 직장에서 일하며 꿈을 위한 도전을 멈추지 않는 사람들의 이야기에 감동하면서도, 감히 따라하지 못했다. 절박하지 않았기에 게으름에 발을 얹고 시간이 가기만을 기다려왔다. 정년퇴직이 새로운 세상을 열어줄 천국의 문이라도 되는 것처럼 '나중에 퇴직하면~'을 반복하며 모른 척 나를 눌러왔.

정년퇴직은 그때까지 일을 할 수 있다는 것이지, 반드시 그때까지 일해야 한다는 것은 아니다. 언제부턴가 내 안에 침잠해 있던 그것들이 더 늦기 전에 원하는 삶을 살아보라며 부추겼다. 그리고 어느덧 내 마음이 정한 시기가 도래했고, 마침내 은퇴를 선언했다. 주변의 만류와 선배들의 부정적인 은퇴 후기를 들으면서도 내가 조금 이른 은퇴자가 된 이유이다.

서툴게 시작하여 세상과 사람을 알게 해준 직장이라는 울타리를 드디어 벗어났다. 남은 시간은 머리보다 가슴이 이끄는 설렘을 따라, 찾지 못한 질문의 답을 구하는 여정으로 마무리하고 싶다. 은퇴 후 진심으로 하고 싶은 일은 글쓰기이다. 먹고살기 위해 직장 생활을 하는 동안에도 글을 쓰며 살고 싶었던 꿈이 내 안에 살아있었다. 직장에서 일과 관련하여 반복적으로 써나갔던 선동적이고 규격화된 문장들은 내가 쓰고 싶은 글이 아니었다.

혼자서 끄적이던 글들은 세상의 빛을 보지 못하고 사라져갔고, 직장에서의 바쁜 일상은 나만의 글쓰기를 허락하지 않았다. 물론 게으른 나의 핑계일 뿐이다. 몇 차례 시작하고 포기하기를 반복하다가 코로나19로 세상과 격리되어 혼자만의 시간이 늘어났던 무렵에 블로그를 시작했다. 알고리즘이 추천해 준 블로그에 책과 영화의 감상문 같은 글을 주기적으로 업데이트하고, 정보성 자료를 가공해 올리면서 글쓰기를 이어갔다.

그리고 다시 비행기를 탈 수 있게 된 후부터 새로운 곳에서 보고 느낀 나의 여행 이야기를 블로그에서 나누고 있다. 포기를 반복했던 예전과 달리, 꾸준히 쌓이는 글을 보고 있으면 무언가 이룬 듯 흐뭇하다. 얼마 안 되는 블로그 방문자들과 함께 나의 삶과 여행 이야기를 나눌 수 있다면, 서툴지만 행복한 글쓰기를 이어갈 수 있을 것이다.

생각만 해도 가슴 설레는 또 한 가지는 여행이다. 여행을 계획하고 기다릴 때의 마음은 어린 시절 소풍 전날의 설렘처럼 순수한 기쁨이다. 어딘가로 떠날 준비를 하는 순간부터 여행은 시작된다. 익숙해서 편안한 곳도 좋지만, 새로운 곳을 탐험하며 알아가는 희열은 몸과 마음의 에너지가 된다.

은퇴 이후 가고 싶은 여행지를 위시리스트에 하나씩 담고 있다. 앞으로도 나의 여행 위시리스트는 계속 늘어나겠지만, 그 목록대로 이루어질 수 없어도 괜찮다. 낯선 그곳으로 떠날 날에 대한 기대와 그곳에 있는 나를 상상하는 것만으로도 이미 행복하니까.

"난 은퇴하면 캠핑카를 살 거야. 그 차로 우리나라 구석구석을 여행하고, 나중에 팔아서 해외여행을 떠날 거야."

오래전부터 친구들에게 말했던, 은퇴 후 나의 여행 계획이다. 구체적으로 설계한 것은 아니었지만 여행에 대한 막연한 동경으로 그런 말을 떠들었고, 함께 가겠다며 장단을 맞춰주던 친구도 있었다. 그때 나는 진지했고, 은퇴할 때쯤이면 캠핑카 정도는 충분히 장만할 수 있을 거라고 믿었다.

하지만 은퇴 시점에 이르러 나는 캠핑카를 살 수 있을 만큼 여윳돈을 남기지 못했다. 다만 다달이 내 어깨를 짓누르던 은행의 융자금에서 벗어난 것만으로도 후련하고 감사하다. 그래서 더 이상 캠핑카에 대한 미련은 없다.

기다렸던 그 겨울이 지나고 봄이 올 무렵, 나는 오래 묵혀온 꿈을 믿고 용감하게 '은퇴'를 저질렀다. 이제 초보 은퇴자가 되어 세상에 나온 나에게 새롭고 낯선 삶의 관문이 기다리고 있다. 두려움보다 설렘으로 매일의 아침을 맞으며 오롯이 내가 선택한 삶을 살아보고 싶다. 그것이 시월의 어느 날, 주변의 우려와 복잡한 세상 이야기를 뒤로 한 채, 리스본으로 떠난 이유이다.

바쁘게만 살아왔던 나에게, 느리고 세심하게 흐르던 리스본의 시간은 그간의 여행지와 다른 감동을 안겨주었고, 여행을 즐기는 나의 관점을 변화시켜 주었다. 리스본을 꿈꾸는 여행자들에게 그곳에 머물면서 내가 경험한 소소한 이야기를 들려주고 싶다. 덤으로 그동안 말하지 못했던, '그'와의 만남과 우리가 함께 살아가는 평범한 일상을 아름다운 리스본에 편승해 살짝 풀어놓았다. 우연히 만나 친구가 되었던 우리는 이제 남자 친구, 여자 친구 사이가 되었다. 이런 호칭은 닭살이 돋지만, 어쩔 수 없다. 그는 진짜로 나의 남자 친구니까. 이 나이에도 말이다.

대항해시대의 길을 연 바스쿠 다가마Vasco da Gama가 미지의 땅을 향해 닻을 올렸던 바로 그곳, 포르투갈 리스본을 걷는 독일남자와 한국여자의 조금 느린 여행 이야기를 전하려 한다. 당신이 지금 리스본을 걷고 있다면, 우리의 소박한 여행 이야기에서 작게나마 영감을 받길 바라며…

가톨릭 구세주상과 4월 25일 다리에서 보이는 리스본 전경 (본문 107P)

아줄레주와 노란페인트로 장식된 건물이 인상적인 골목길(본문 93P)

재미있는 그라피티가 있는 밤의 골목길(본문 117P)

여행자들에게 가장 인기 있는 28번 트램(본문 47P)

유럽 느낌이 물씬 나는 붉은 지붕 건물들(본문 106P)

테주강에 정박한 대형 크루즈선과 도심의 모습(본문 111P)

아우구스타 스트리트 아치가 있는 코메르시우 광장의 모습(본문 113P)

리스본의 상징, 트램이 다니는 좁은 골목길(본문 47P)

드디어 리스본

포르투갈을 아는 많은 사람이 리스본 하면 맨 먼저 노란 트램을 떠올린다. 리스본의 상징물로 자리 잡은 트램은 여행자뿐 아니라 현지인들도 수시로 이용하는 교통수단이다. 언덕이 많은 리스본에서 걷기에 자신이 없는 사람이라면 여러 노선의 트램을 이용해 도시를 돌아보는 것도 리스본을 여행하는 스마트한 방법이 될 수 있을 것이다.

리스본,
그 강렬한 첫인상

내가 은퇴 후에 맨 먼저 하고 싶었던 일은 여행이다. 짧고 아쉬웠던 직장인의 휴가와 달리, 이번에는 백수의 삶을 마음껏 누리기 위해 3개월 간의 긴 유럽 여행을 계획했다. 어설픈 나를 아는 주변의 지인들은 혼자서 여행을 다니는 줄 알고 걱정하기도 하지만, 나는 지금까지 혼자 여행한 경험이 없다.

예전에는 딸이 나의 여행 메이트였다. 내가 경비를 대고 아이가 스케줄을 관리하며 둘이 다니는 여행은 언제나 즐거웠다. 이제 아이는 직장인이 되어 바빠졌고, 무엇보다 친구들과 여행을 다닌다. 한편으로 서운하기도 하지만, 다행스럽게 그사이 내게도 특별한 여행 파트너인 남자 친구가 생겼다.

독일 출신으로 지금은 호주에서 살고 있는 그의 이름은 랄프Ralf 이다. 우리가 잘 아는 랄프 로렌Ralph Lauren과 발음은 같지만, 영어식의 'ph' 대신 독일식으로 'f'를 사용한다. 산업디자인을 전공한 그는 독일인답게 좀 더 경제활동에 도움이 되는 직업을 갖기 위해 마스터 플러머Master Plumber가 되었다고 한다. 마스터 플러머는 단순 배관공과 달리 건물의 급수, 배수, 난방, 가스관 시스템의 설계, 시공, 유지보수, 검사 등을 전문적으로 수행하고 관리할 수 있는 배관 분야의 최고 자격자를 말하는데 자신의 직업에 대한 자부심도 대단하다.

몇 년 전 우연히 만난 랄프와 나는 여행을 좋아한다는 공통점과 다른 문화에서 살아온 서로에 대한 호기심으로 친구가 되었다. 그는 젊은 시절부터 배낭을 메고 여러 나라를 여행한 경험으로 지금은 호주에 정착해서 살고 있다.

그가 호주를 선택한 이유는 유럽의 추운 겨울과 달리 브리즈번의 온화한 겨울이 좋고, 호주에서 유명한 보석인 오팔Opal에 매료되었기 때문이기도 하다. 따로 보석공예를 배우지는 않았지만, 예술적인 감각과 눈썰미로 원석을 골라 직접 디자인해서 독일의 보석상에 판매하는 일을 하고 있다. 취미생활처럼 꾸리는 사업이지만 매년 독일을 방문할 때마다 쏠쏠한 용돈벌이를 하는 모양이다.

그동안 함께 여행을 다니기도 했지만, 나의 짧은 휴가는 늘 아쉬움을 남겼다. 이제 그가 바란 대로 나는 은퇴자가 되었고, 마스터 플러머로서 본업은 어쩌다 파트타임으로만 일할 뿐인 그는 준 은퇴자 Semi-Retiree인 셈이다. 드디어 우리가 바라던 여유로운 여행을 즐길 수 있게 되었다는 뜻이다.

이번 여행에서 우리의 첫 번째 목적지는 포르투갈 리스본이다. 인천공항을 떠나 독일 프랑크푸르트에서 저녁 비행기를 타고 밤늦게 리스본 공항에 도착하니 비가 내리고 있었다.

프랑크푸르트 공항에서 입국 절차를 마쳤던 우리는 제주공항에 내린 듯 자연스럽게 공항을 빠져나올 수 있었다. 독일과 포르투갈은 유럽 내 국경 이동에 대한 협정인 솅겐 조약Schengen Agreement에 가입된 국가들이며, 이 조약에 가입한 국가 간에는 별도의 입국 심사 없이 자유롭게 드나들 수 있다고 한다.

한국에서 유럽으로 날아오며 시차 때문에 힘들었던 우리는 리스본 공항에서 예약한 숙소로 곧장 가기 위해 택시를 타기로 했다. 우리의 알뜰한 여행에서 택시는 절대 없는 선택지이지만, 늦은 시간이었고 비까지 내려 그날 밤만큼은 예외였다.

택시 승강장은 공항에서 쏟아져 나온 인파로 붐비고 있었지만, 경찰까지 나와서 탑승을 도와준 덕분에 길었던 대기 줄이 빠르게 줄어들며 우리도 드디어 택시에 올라탔다. 우리를 태운 택시 기사는 영화 〈분노의 질주〉에서 좁은 골목길을 곡예 운전하는 '운전자 1'로 출연해도 좋을 만큼 뛰어난 실력의 소유자였다. 빠르게 끼어들기나 급정거 따위는 식은 죽 먹기였고, 차 한 대가 겨우 다닐 수 있는 좁은 리스본의 골목길을 자유자재로 돌아다녔다.

나는 처음 만난 리스본의 밤거리를 즐기고 싶었지만 그런 여유 따위는 부릴 수가 없었고, 머리 위 손잡이를 꽉 움켜쥔 채 안전하게 도착하기만을 빌었다. 그렇게 얼마를 더 질주하던 분노의 기사는, 두려움인지 기막힘인지 모를 감정으로 서로를 바라보고 있던 우리를 숙소 앞에 내려주고는 홀연히 사라져 버렸다. 건장한 체격인 랄프가 긴장한 듯 넉넉하게 팁을 주며 기사를 빠르게 돌려보낸 걸 보면, 리스본 도착 신고치곤 꽤 스릴 넘치는 택시 체험이었다.

리스본에서 우리가 빌린 숙소는 '아파트먼트'라고 불리는 작은 원룸이다. 우리는 리스본에 머무는 동안 여행비용을 절약하기 위해 가능하면 숙소에서 식사를 해결할 생각이었고, 챙겨 온 몇 벌의 옷을 돌려 입기 위해 세탁기도 필요했다. 이러한 우리의 필요에 부합하는 숙소를 찾기 위해 호텔 예약 사이트를 뒤지던 중 욕실과 주방이 딸린 이곳을 발견했다. 소개된 사진과 설명을 보면 제법 안락해 보였고, 장기 체류라 그런지 숙박비도 저렴한 편이었다.

하지만 막상 도착해서 보니, 그 숙소는 우리가 기대한 모습과는 상당히 거리가 있었다. 창살로 보안을 확보한 창문이 골목길과 바로 맞닿은 1층의 숙소였는데, 사생활 보호를 위해 의미 없어 보이는 얇은 커튼 한 장이 창문에 걸려있었다. 그리고 주방은 있지만 칼과 도마 같은 기본적인 주방 도구들이 없었고, 컵조차도 쓸 만한 상태가 아니었다.

거기다 침실 안쪽에 있는 욕실은 환기와 배수에 문제가 있어 샤워하거나 볼일을 볼 때를 제외하곤 항상 문을 열어두어야만 했다. 그 와중에도 주인은 집안 전체의 환기를 위해 창문을 계속 열어두라며 권고의 메시지를 보내왔다. 이런 개방적인 환경 덕분에 지나가는 사람들의 대화 소리는 물론 여행 가방 바퀴가 굴러가는 소리와 심지어는 앞집 사람의 재채기 소리까지 고스란히 전달되는 이웃 친화적인 숙소였다.

눈앞에 보이는 모든 것들이 당황스러웠지만 저렴한 숙소의 한계이거니 생각하며 주인에게 필요한 물품을 요청하는 이메일을 보냈다. 그리고 다음날 외출했다 돌아와 보니 손바닥만 한 도마와 화장실용 휴지, 수건이 도착해 있었다. 결국 요리 담당인 랄프는 주방용 칼과 유리컵 2개를 직접 사야했고, 그때 우리가 사용했던 주방용 칼은 지금도 독일에 있는 랄프 어머니의 집에서 쓰이고 있다.

우리가 머문 곳에 대해 너무 극단적으로 표현한 것 같지만, 원하는 것들이 모두 갖추어진 숙소를 그 가격에 빌리려고 했던 것은 애초부터 우리의 욕심이었고, 잘 꾸며진 사진의 농간이었다. 하지만 산전수전을 다 겪은 나이인 우리는 약간의 수습을 거친 후 환경에 순응하며 익숙하게 리스본살이를 즐겼다.

유럽은 우리나라와 같이 디지털도어가 보편화되어 있지 않아 여전히 열쇠를 많이 사용한다. 리스본에서 호텔이 아닌 에어비앤비와 같은 숙소를 예약하면 집주인이 보내는 메시지를 꼼꼼히 읽고 이해해야 한다. 무엇보다 예약한 숙소로 들어가려면 맨 먼저 열쇠의 행방을 찾아야 하는데, 비대면으로 전달하는 이들의 방식이 익숙하지 않아 당황할 수밖에 없다.

우리도 문 앞에서, 주인이 보낸 메시지를 다시 찾아 읽었다. 주인은 창가에 놓인 열쇠 상자의 존재와 그 상자를 열 수 있는 비밀번호를 상세히 안내하고 있었다. 열쇠가 든 상자라니! 나로서는 그것부

문 앞에 매달린 열쇠 상자들

터 생소했다. 다행히 1층이었던 숙소의 창문턱에 설치된 조그만 상자를 바로 찾을 수 있었고, 주인이 알려준 비밀번호로 상자 속의 열쇠를 찾아 집 안으로 들어갈 수 있었다.

이 날의 경험 덕분에 리스본의 골목길을 걸으며 다양한 열쇠 상자들을 알아볼 수 있었다. 보통은 문 옆의 벽에 작은 상자가 붙어있거나 우리 숙소처럼 창문턱에 열쇠 상자를 둔 경우가 있었고, 출입문의 창살이나 문고리에 여러 개의 상자가 매달려 있는 곳들도 가끔 볼 수 있었다.

가장 흥미롭게 본 장면은 길거리의 기둥에 매달린 상자들이었다. 교통안전을 위해 설치한 사각 거울의 기둥에 의지하여 여러 개의 열쇠 상자들이 길바닥에 뒹굴고 있었다. 한 건물에 여러 숙소가 있는 경우 각각의 열쇠 상자가 필요하고, 그 상자를 설치할 적당한 공간이 없어 주변의 시설물을 이용한 것이었다.

우리가 호텔에 묵었다면 이들의 생소한 열쇠 전달 방식에 대해 알 수 없었을 것이고, 길을 가다 보더라도 크게 관심을 두지 않았을 것이다. 멀리 리스본에서 열쇠 상자라는 기발한 사물을 접했지만, 집이든 회사든 오래전부터 비밀번호나 지문으로 출입하는 디지털 세상을 사는 우리에겐 더 이상 필요하지 않은 물건이었다. 이렇듯 사소해 보이지만 우리에게 없거나 다른 문화와 삶을 발견하는 일이 여행의 또 다른 재미이다.

길거리의 열쇠 상자들

여행지에서
첫 번째 할 일

리스본에서의 첫날밤은 우리의 기대를 여지없이 산산조각내버렸다. 이미 늦은 시간이었고, 장시간의 비행기 여행으로 피곤했던 우리는 다음날을 기대하며 잠자리에 들었다. 하지만 밤새 골목을 지나는 사람들의 말소리와 술에 취한 젊은이들의 흥겨운 함성에 뒤척이다가 겨우 잠깐 눈을 붙일 수 있었다.

여행지에서의 자유를 만끽하고 싶은 그들의 마음은 이해하지만 이곳에 사는 사람들이 겪을 불편이 남의 일 같지 않았다. 우리가 머문 숙소 역시 유흥가에서 벗어난 골목 안길에 위치한 곳이었지만 넘치는 흥을 주체하지 못한 여행자들의 에너지가 고스란히 전파되어 왔다. 다행히 매일 일어나는 소동은 아니었고, 우리가 그곳에 머무는 동안 서너 번 정도 훌리건들의 함성 같은 외침을 들어야했다.

그리고 차츰 시간이 지나며 집 앞 골목길에서 들리는 사람들의 말소리는 백색소음처럼 익숙해져 우리의 수면을 방해하지 못했고,

골목길에서 보이는 우리 숙소의 모습

돌돌거리며 굴러가는 여행 가방 바퀴 소리는 설레는 여행자들의 마음이 오가는 소리라 여기며 자연스럽게 즐기게 되었다.

다음 날 아침, 일찌감치 잠에서 깬 우리는 동네 탐험에 나서기로 했다. 무엇보다 집 주변과 숙소로 이어지는 길을 익히는 일이 중요했기 때문이다. 우리가 도착한 전날 밤에 비가 왔었고, 그날의 일기예보 역시 비를 예상했기 때문에 우리는 작은 우산을 백팩에 챙겨 넣고 숙소에서 나왔다.

첫 날의 설렘을 가득 안고 숙소 앞 좁은 골목길에 서니, 우리가 그곳에 머무는 내내 우리 방 창문 옆에 서 있던 주인 모를 오토바이와 어디로 이어지는지도 모르는 좁은 골목길, 창문 열린 앞집들과 금방이라도 비가 내릴 듯 흐린 하늘조차도 눈앞에 보이는 모든 것이 반가웠다.

우리는 잠시 어느 방향으로 탐험을 떠날지 둘러보다가 좀 더 깊은 골목이 이어지는 쪽을 선택했다. 그 길을 따라 양옆으로 집들이 촘촘히 들어서 동네를 이루고 있었고, 길은 멀리 내리막을 만들며 아래로 길게 뻗어있었다. 그날 아침에는 몰랐지만, 날씨가 맑은 날이면 아름다운 석양을 볼 수 있는 멋진 길이었다. 어느 날엔가 바깥에서 하루를 보내고 숙소로 돌아올 때 문 앞에 서서 한참을 바라보던, 빨간 저녁놀을 품은 하늘이 거기 있었다.

골목을 따라 조금 걷자, 이어지는 왼쪽 골목으로 오래된 건물에

숙소 앞 골목길

있는 작은 가게가 보였고 랄프는 나를 그곳으로 이끌었다. 사실 나는 유럽 느낌이 물씬 풍기는 '리스본스러운' 예쁜 카페에 앉아 첫 아침을 즐기고 싶었다. 하지만 그는 '현지에선 현지식'이라는 확고한 취향을 갖고 있었다. 하는 수 없이 그가 이끄는 허름한 가게로 따라 들어갔지만, 마음은 편치 않았다.

시골 동네의 작은 구멍가게처럼 보이는 그곳은 웬만한 식료품들이 갖춰진 그로서리숍Grocery Shop이면서 차와 커피, 디저트류를 파는 카페이기도 했다. 근처에 사는 이웃으로 보이는 손님들이 이른 아침부터 실내와 야외테이블에 앉아 커피를 마시며 신문을 읽거나 주인 아주머니와 이야기를 나누고 있었다.

낯선 우리가 들어서자, 아주머니는 환한 웃음으로 반갑게 맞아주었다. 우리는 영어를 전혀 이해하지 못하는 아주머니에게 손짓과 표정으로 에스프레소와 파스텔 드 나타pastel de nata를 주문했다. 포르투갈에 왔으니 맨 먼저 진한 에스프레소와 달달한 에그타르트의 조합을 즐기는 것이 예의라면서 그들의 문화와 첫 대면을 시작했다.

'나타nata'는 크림을 뜻하고, '파스텔 드 나타pastel de nata'는 에그타르트 스타일의 디저트를 의미하는 포르투갈어이다. 우리나라에서는 흔히 포르투갈식 에그타르트를 '나타'라 부르고 있으므로, 여기서도 간단히 '나타'라고 하겠다.

뒤이어 나온 에스프레소와 나타의 조합은 이곳에 처음 들어섰을 때의 내 가라앉은 기분을 잊게 해주는 탁월한 선택이었다. 시차로 인해 여전히 머릿속이 흐릿하던 아침에 에스프레소의 쌉쌀함과 나타의 달콤함이 어우러진 맛이 목구멍으로 넘어가자 눈이 맑아지고 기운이 솟아났다. 좀 전의 불편했던 마음도 어느새 사라져 리스본의 첫 아침을 즐기고 있었다. 나중에 다른 곳에서 진짜 맛있는 나타를 먹기 시작하면서 더 이상 이곳에서는 찾지 않았지만, 그날 아침만큼은 세상에서 제일 맛있는 나타였다. 그렇게 나는 여기가 진짜 '리스본스러운' 카페일 거라며 마음을 고쳐먹었고, 우리는 곧 만날 리스본과 사랑에 빠질 준비를 갖추었다.

그 작은 가게는 말 그대로 없는 것 빼곤 다 있는 곳이었다. 내가 멍하게 커피와 나타를 음미하고 있던 순간에도 랄프는 가게 안을 훑어보며 우리가 필요한 물품을 고르기 시작했다. 리스본 도착을 축하하기 위해 레드와인과 아기 주먹만 한 치즈 한 덩이를 샀고, 생수도 샀다. 우리나라에서는 2리터짜리 생수가 큰 병이지만 이곳에서는 5리터와 6리터짜리 생수가 팔리고 있었다. 우리는 여행 내내 큰 병의 물을 사놓고 작은 물병에 덜어서 갖고 다녔다. 알뜰한 그는 수돗물을 마셔도 된다고 주장했지만, 물을 많이 마시는 나는 타협점을 찾아 차를 마시거나 음식을 만들 때만 수돗물을 끓여서 사용했다.

그날 아침에 우리가 이 작은 가게에서 마신 커피 2잔, 나타 2개와 함께 몇 가지 쇼핑 물품을 모두 합친 가격이 10유로 정도였다. 우리는 동시에 "유레카!"를 외쳤다. 저렴한 물가 덕분에 포르투갈은 여전히 여행하기 좋은 곳이다. 특히 우리처럼 은퇴 후 알뜰한 여행을 즐기고 싶은 중년의 여행자들에게 적합한 곳이다. 그날 이후 우리는

숙소 근처 단골 가게

수시로 그곳을 들락거렸다.

　해외여행을 가면 그 나라의 인사말 한두 마디는 알고 가서 사용하려고 노력한다. 그 정도 예의는 갖추어야 한다는 것이 여행에 임하는 나의 자세이다. 포르투갈어로 '감사합니다'에 해당하는 말은 남자와 여자가 다르게 사용한다. 처음에 그런 구분을 모른 채 커피를 내온 아주머니께 우리 둘 다 똑같이 인사를 했더니 아주머니는 완벽한 포르투갈어로 나와 랄프를 번갈아 가리키며 틀린 부분을 고쳐주셨다.

남자가 쓰는 말은 '오브리가도Obrigado'이며, 여자가 쓰는 말은 '오브리가다Obrigada'이다. 아주머니의 발음에 따라 몇 번을 반복하며 무료 포르투갈어 수업을 마친 우리는 이때 배운 짧은 한마디를 여행 내내 외치고 다녔다. 한국을 여행하는 외국인이 서툴게나마 우리말로 인사하면 반가운 것처럼, 마찬가지로 우리도 외국을 여행할 때 그 나라 인사말 한두 마디 정도 알고 가면 따뜻하게 반겨주는 사람들을 더 많이 만날 수 있다.

리스본에서의 첫날 아침, 우리는 사람 냄새가 물씬 풍기는 동네 가게에서 주인 아주머니와 안면을 트며 리스본과의 첫인사를 마쳤다.

어쩌다
어른이 되었지만

　직장을 다니는 동안 평범했던 내 삶에서 결정적인 전환점이 되었던 일은 뉴질랜드로의 국외 파견이었다. 이 파견근무는 공무원 교육훈련 프로그램 중의 하나로, 희망하는 직원이 제안서를 제출하면 심사위원회의 평가를 통해 선발한다. 나는 당시 담당했던 업무로 인연을 맺었던 뉴질랜드를 목표로 제안서를 제출했고, 운 좋게도 일 년 동안 뉴질랜드 오클랜드에서 살아보는 기회를 얻었다.

　그때까지 나는 태어난 도시에서 성장하여 대학을 졸업하고 직장생활까지, 사십 년 이상을 한 곳에 뿌리박고 살아온 토박이였다. 나이를 먹고 결혼을 하며 법적으로는 어른이 되었지만, 물심양면으로 부모님의 그늘에서 비를 피하며 살았다. 더구나 일한다는 핑계로 내 아이를 키우는 일까지 당연한 듯 그분들께 맡겼었다. 잘 자란 아이를 생각하면 너무나 감사한 일이지만 힘드셨을 부모님께는 죄스러운 일이 아닐 수 없다. 그때는 그런 사실조차 깨닫지 못했으니, 나는 그야말로 어설픈 '어른이'였다.

그런 나에게 해외 파견근무는 엄청난 용기가 필요한 도전이었고, 한편으로는 내 삶에 변화를 불러올 결정적 기회이기도 했다. 사실 그때 나는 일 년이라는 유예기간을 두고 남편과의 불편한 관계를 극복할 방안을 찾고 싶었고, 더 넓은 곳에서 세상을 배우며 답답하기만 하던 내 삶의 안식기를 갖고 싶었다. 그런 지극히 사전인 이유와 무모한 자신감으로 비행기를 탔지만, 낯선 외국 땅에 도착했을 때의 두려움은 이루 말할 수 없었다. 더구나 중학교를 갓 졸업한 딸아이가 함께 갔고, 당연히 엄마인 내가 보호자가 되어야만 했다. 그때서야 내가 얼마나 서툰 어른인지 깨달았고, 난생처음으로 엄마가 보고 싶었다.

다행히 한국을 떠나기 전에 알게 된 현지 교민 부부의 집에서 일주일 정도 머물며 그들의 도움으로 우리가 머물 집을 구할 수 있었고, 중고 자동차도 마련했다. 그리고 딸아이는 정규학교의 10학년 과정에 입학했고, 나는 어학원에 등록하며 낯선 곳에서의 일상에 적응해 나갔다.

뉴질랜드의 도로체계는 우리나라와 반대여서 자동차의 운전석은 오른쪽에 있고 차들은 왼쪽 차선으로 주행했다. 한국에서도 오래 운전을 했으니 운전 자체가 힘든 것은 아니었다. 도로에 나가면 앞선 차들을 따라 같은 방향으로 주행하면 되고, 우리가 좌회전하던 방식으로 우회전하면 된다.

하지만 그것은 머릿속 생각일 뿐 현실은 녹록지 않았다. 처음 운전을 시작하고 동네 지리를 익히기 위해 혼자 나갔다가 차가 없는 도로에서 나도 모르게 반대편 차선으로 운행했던 적이 있었다. 운전석이 바뀌어도 몸이 기억한 대로 자연스럽게 운전하고 있었던 것이다. 그런데 어디선가 우회전으로 들어온 자동차와 맞닥뜨리고 나서야 나의 실수를 깨달았다. 상대 운전자의 빠른 대처 덕분에 가까스로 사고를 모면할 수 있었지만, 그는 나를 향해 손가락질하며 소리를 질러댔다. 당황한 나는 '쏘리~'만 연발할 수밖에 없었다. 그날 이후 운전석에 앉으면 오른쪽 어깨에 힘을 바짝 주고 '중앙선은 오른쪽 어깨 옆'이라고 주문처럼 되뇌며 반대쪽 운전에 적응해 나갔다.

내가 뉴질랜드에 있던 때에는 스마트폰이 보급되기 시작한 초기였고, 차량의 내비게이션도 일반화되지 않았던 때였다. 그래서 우리 모녀는 오클랜드 시내뿐만 아니라 근교로 나갈 때도 우체국에서 산 지도책으로 길을 찾아다녀야만 했다. 옆자리에 앉은 딸아이가 지도를 보며 내비게이션보다 더 정확하게 길 안내를 해준 덕분에 우리의 나들이는 계속될 수 있었고, 나중에는 뉴질랜드 남섬과 북섬을 자동차로 여행할 수도 있었다. 그때 아이가 옆에 없었다면 선천적인 길치인 나는 아무 데도 갈 수 없었을 것이다.

무엇보다 내가 딸아이와 함께 살았던 그 일 년 동안 '내 아이'에 대해 새롭게 많은 것을 알게 되었다는 사실에 감사하다. 아이가 태어나고 두 달 만에 직장으로 복귀한 나를 대신해 부모님께서 아이가 초등학교를 마칠 때까지 돌봐주셨다. 이후에도 아이 스스로 잘 알아서 했기에 그것이 당연한 줄 알았었다.

하지만 아이는 내가 알았던 것보다 훨씬 내성적이고 예민한 성격이었고, 낯선 학교생활에 적응하기까지 시간이 걸렸다. 결국 스트레스를 속으로 삭이던 아이가 대상포진에 걸리고 나서야 제대로 돌보지 못한 나를 자책하며 내 아이를 다시 바라보게 되었다.

"엄마, 난 괜찮아. 시험 준비를 열심히 했는데 학교에 못 가서 속상할 뿐이야."

그런 어려움 속에서도 아이는 매사를 세심하게 챙기는 자신의 성향을 발휘하여 많은 한국 아이들이 외국 학교에서 그런 것처럼 수학과 과학에서 두각을 나타냈고, 영어 선생님에게서도 인정을 받았다. 학년을 마치며 아이는 우수 학생에게 주는 트로피에 자신의 이름을 올렸고, 선생님들로부터 그곳에서 더 공부할 것을 권유받기도 했었다. 훌륭하게 잘 해낸 아이가 자랑스러웠고, 더 나은 환경에서 공부할 수 있도록 지원해 주지 못해 미안한 마음뿐이었다.

문제는 아이가 아니라 나에게 있었다. 그 나이가 되도록 부모님의 그늘에서 어른인 척 아이처럼 살았던 나는 매사에 서툴렀고, 낯선 곳에서 익숙하지 않은 일에 부딪힐 때마다 당황하여 허둥대곤 했었다. 그럴 때마다 아이는 침착하게 나를 도와주었고 든든한 해결사가 되어주었다. 매사에 덜렁거리고 허술한 나에 비해 아이는 꼼꼼하고 세심하게 나의 허점을 채워주며 엄마처럼 든든히 곁을 지켜주었다.

그곳에서 우리가 함께 보낸 일 년은 행복했고, 지금도 그리운 추억으로 남아 있다. 서로를 진심으로 이해할 수 있게 되었으며 더 깊이 사랑하게 되었다. 엄마인 나보다 더 당차고 용감했던 내 아이 덕분이다.

무모하게 떠나 두려움으로 시작했던 그 시간을 보내며 비로소 나는 독립된 한 인간으로 설 수 있었다. 매사에 당연한 듯 의지하던 부모님의 그늘을 벗어나 스스로를 책임질 수 있게 되었으며, 일 년을 유예하며 기다렸으나 되돌릴 수 없었던 전 남편과의 관계도 그가 남긴 빚을 떠안은 채 마무리하게 되었다.

꿈만 같았던 뉴질랜드 생활을 마치고 일 년 만에 돌아온 우리는 각자 바뀐 환경에 적응해 나갔다. 나는 직장에서 새로운 업무로 바쁜 생활을 이어갔고, 아이는 고등학교에 입학하여 대한민국의 혹독한 고딩 시절을 보내야 했다.

그리고 3년 뒤에 아이가 서울에 있는 대학교로 진학하게 되었을 때, 나는 주저 없이 서울 파견근무를 신청했다. 아이와 멀리 떨어져 지내야 한다는 문제도 있었지만, 나의 재정 상황에서 파견 근무자에게 주어지는 월세 형태의 주거비 지원이 꼭 필요했기 때문이다. 그때는 다른 도시로의 파견근무를 선호하지 않는 분위기였고 누군가는 가야만 했던 일이라 나의 파견신청은 쉽게 승인되었다. 이제 나는 더 이상 살던 도시와 부모님을 떠나는 일이 두렵지 않았고, 새로운 곳에서의 삶을 즐길 수 있게 되었다.

리스본의
트램과 탈 것들

포르투갈을 아는 많은 사람이 리스본 하면 맨 먼저 노란 트램을 떠올린다. 리스본의 상징물로 자리 잡은 트램은 언덕이 많은 이 도시에서 여행자뿐 아니라 현지인들도 수시로 이용하는 교통수단이다. 특히 주요 관광지를 아우른다는 28번 트램은 인기가 많아 어정쩡한 시간에 나갔다간 오랫동안 줄 서기를 감수해야 한다. 하지만 꼭 28번 트램을 타지 않아도 된다. 트램 기사에게 물어보거나 미리 운행구간을 검색하면 원하는 장소 부근으로 가는 다른 트램이 있어 그것을 타고 목적지 근처의 정류장에 내려 조금만 걸으면 된다.

교통수단이라는 본래의 목적에 맞게 트램을 이용하기도 하지만, 리스본의 좁은 골목길을 부딪칠 듯 달리는 트램을 타고 골목마다 색다른 모습을 즐기는 재미도 쏠쏠하다. 언덕이 많은 리스본에서 걷기에 자신이 없는 사람이라면 여러 노선의 트램을 이용해 도시를 돌아보는 것도 리스본을 여행하는 스마트한 방법이 될 수 있을 것이다.

늘 붐비는 리스본의 상징 28번 트램

역사가 오랜 도시 리스본은 도로가 좁다. 그 좁은 도로에 트램이 다니고, 버스와 다른 차들은 물론 툭툭이까지 여러 종류의 탈 것들이 다닌다. 그중에서도 트램은 정해진 레일 위를 달리는 교통수단이기 때문에 융통성을 발휘할 수 없다. 그래서 모든 차들은 우선적으로 트램에게 길을 양보한다. 하지만 제한적인 운행 형편 때문에 트램과 관련한 사고가 종종 발생한다. 우리도 두 건의 트램 사고를 목격했다.

한 번은 점심을 먹고 나오니 식당 앞 도로가 차들로 가득 차 있었다. 좁은 리스본의 도로에서 흔히 볼 수 있는 일이긴 한데 그날은 더 심각해 보였다. 무슨 일인지 궁금해 따라가 보니 주차된 자동차와 트램이 부딪쳐 사고가 난 것이었다. 트램이 다니는 도로의 갓길에 주차되어 있던 차들 중 한 대가 일반적인 주차선에서 벗어나 삐딱하게 서 있던 것이 문제였다.

젊은 트램 기사는 그 차가 불안해 보이긴 했지만 지나갈 수 있을 거라고 생각했던 모양이다. 하지만 아슬아슬하게 지나던 트램이 차의 범퍼 부분을 스치고 말았다. 관광객으로 보이는 차주는 무척이나 난처한 표정으로 차를 살피고 있었고, 트램 기사는 손님들을 내리게 한 후 어딘가로 전화를 하고 있었다. 도와줄 길 없는 우리는 늘어선 자동차들을 안타까운 시선으로 바라보며 지나쳐 올 수밖에 없었다.

또 다른 트램 관련 사건은 우리가 벨렝 지구에서 뜨거운 오후 햇살을 받으며 다른 날보다 많이 걸었던 날의 일이다. 지친 우리는 숙소로 돌아오는 버스를 타고 있었는데 무슨 일인지 방향을 변경한 버스기사가 우리를 내리게 했다. 도로 공사 때문에 방향이 변경되었고, 원하는 방향이 아니면 다른 버스나 트램으로 갈아타라고 하는 것 같았다. 포르투갈어로 설명해 주는 기사의 말을 한마디도 알아들을 수 없었지만, 눈치로 때려잡은 우리의 추측이다. 대부분 사람들이 버스에서 내렸고, 우리도 함께 내렸다.

복잡한 시내에서 벗어나 주택가의 한적한 도로에 불시착한 우리는 트램 정류장이 보이는 작은 카페에서 에스프레소와 포르투갈 맥주 한잔으로 기력을 보충하며 편안하게 트램을 기다리기로 했다. 그런데 무슨 일인지 한참이 지나도록 트램이 나타나지 않았고, 상황을 알 수 없었던 우리는 큰길로 나가보기로 하고 길을 따라 내려갔다.

잠시 후, 내리막을 따라 휘어진 길옆으로 서너 대의 트램들이 줄지어 서 있는 모습이 눈에 들어왔다. 우리가 다가가니 트램 기사들이 한쪽에 모여 심각하게 대화를 주고받고 있었다. 그들에게 무슨 사정인지 물었더니, 대답 대신 앞에 서 있는 승용차 한 대를 가리켰다. 그들이 가리킨 자동차는 엉덩이를 내민 채 트램 레인 가까이 주차되어 있었다. 맨 먼저 도착한 트램 기사가 멈춰 섰고, 뒤이어 온 다른 트램들도 줄줄이 멈출 수밖에 없었던 것이다. 다행히 사고로 이어지지는 않았지만, 한 사람의 부주의로 많은 사람이 불편을 겪어야 했던 사건이었다.

포르투갈에서 트램 선로에 주차하는 것은 차량 흐름을 방해하고 안전을 위협하는 일로 엄격히 금지되어 있다. 이를 어길 경우 상당한 벌금이 부과되고, 불법 주차로 인해 트램과 사고가 발생하면 차량 소유주나 운전자에게 더 큰 책임이 부과될 수 있다고 한다. 함께 사용하는 공공장소, 특히 좁은 도로에서 규칙을 지키지 않으면 대혼란이 일어날 수 있다는 것을 생생하게 목격한 일이었다.

리스본에 여행 와서 도심에 머문다면 자동차 여행은 권하지 않겠다. 트램이나 버스, 그리고 메트로라 불리는 지하철만으로도 도심

내에서의 이동은 충분히 편리하다. 이 교통수단들은 리스보아 카드를 구매하면 카드 사용 시간 동안 모두 무료로 이용할 수 있다.

 리스본에서 근교로 나갈 때는 페리나 기차를 이용할 수 있다. 페리 선착장과 기차역은 버스와 메트로로 갈 수 있어 편리하다. 우리는 테주강Rio Tejo 건너 근교로 나갈 땐 페리를, 좀 더 떨어진 소도시로 갈 때는 기차를 이용했다.

 리스본 시내 관광에는 툭툭이를 이용할 수도 있다. 동남아에서 많이 볼 수 있는 툭툭이Tuk Tuk는 태국어로 '저렴하다'는 뜻의 'TUK'에서 유래했다는 설이 있고, 툭툭이 차량의 엔진에서 나는 독특한 소리에서 따왔다는 설도 있다. 유래와 상관없이 리스본도 툭툭이 천국이다. 툭툭이는 2~6인이 함께 이용할 수 있는 삼륜차로, 전기를 이용한 친환경 교통수단이다. 언덕이 많은 리스본에서 걷기가 힘들거나 짧은 일정으로 빠른 관광을 원하는 사람들이 주로 이용하지만, 가이드 투어와 함께 툭툭이 자체의 재미를 즐기기 위해서도 많이 이용한다.

 리스본에서 또 한 가지 특이한 탈 것은 푸니쿨라인데, 평지를 달리는 트램과 달리 가파른 경사면을 오르내리는 케이블카를 말한다. 리스본의 푸니쿨라 중 2002년에 국가기념물로 지정된 비카 푸니쿨라Ascensor da Bica가 가장 인기가 많다. 1892년 6월 28일에 개장했으니 무려 130여 년이나 운행되었다. 비카 푸니쿨라는 언덕 위와 아래를 오가며 주민들을 실어 나르는 교통수단으로 만들어졌지만, 지금은 여행자들이 주로 이용하고 있다. 푸니쿨라 티켓을 판매하는 매표

언덕을 오르내리는 케이블카 푸니쿨라

리스본을 대표하는 교통수단 트램

소 건물에 국가기념물로 지정된 것을 알리는 현판이 붙어있다.

　매표소가 있는 상 파울루 거리에는 푸니쿨라 탑승체험을 원하는 관광객들이 길게 줄을 만들고 있고, 도착지점인 언덕 위 칼리야즈 광장에는 사진을 찍고 구경하려는 인파들로 늘 붐빈다. 그리고 푸니쿨라 노선 양쪽 옆으로 계단이 있는데 짧은 거리라 걸어서 오르내리는 데 무리가 없다. 이곳에서 테주강을 배경으로 주변의 작은 가게와 집들 사이를 오가는 리스본의 색다른 교통수단을 카메라에 담아보는 것도 추억을 남기는 좋은 방법이다.

　리스본의 좁은 골목길 입구에는 '볼라드Bollard'라고 부르는 쇠말뚝이 길 중앙에 서 있다. 공항에서 택시를 탔던 밤, 골목 입구에 서 있는 큰 쇠말뚝을 보았다. 그 말뚝 때문에 자동차가 진입할 수 없을 것처럼 보여 내리려던 순간, 우리의 출입을 허가해 주는 듯 스르르 땅속으로 내려가는 것을 보았다. 그때는 분노의 기사 때문에 멀미를 느끼며 정신이 혼미했던 내가 헛것을 본 것인가 싶었는데, 실제로 볼라드는 허가되지 않은 차량의 진입을 막기 위해 서 있는 도로 지킴이였다.

　무선리모컨이나 센서로 조작이 되는 신기한 쇠말뚝 볼라드는 보행자를 보호하기 위해 차량의 진입을 통제하는 수단이다. 그곳에 사는 주민들의 자동차나 택시, 비상 차량과 같이 허가된 차들이 오갈 때만 땅속으로 내려가 길을 열어준다. 든든한 볼라드 덕분에 뚜벅이 여행자인 우리가 골목길에서 자동차를 피하는 수고로움을 많이 겪

골목길의 안전을 지키는 볼라드

지 않았다. 이런 도로 상황을 볼 때 리스본에서 자동차를 빌리면 주차 여건도 충분히 고려해 보아야 할 것 같다.

가급적 걸어서 여행을 즐기는 우리는 대중교통을 많이 이용하지는 않지만, 리스보아 카드를 사용한 덕분에 무료로 트램 여행을 즐기는 호사를 누릴 수 있었다. 리스보아 카드는 리스본 여행자들을 위한 통합 할인 카드이다. 24시간권, 48시간권, 72시간권으로 나누어져 여행 일정에 따라 선택할 수 있다. 예를 들어 24시간권으로 오늘 11시에 처음으로 리스보아 카드를 사용하기 시작했다면, 내일 11시 이전까지 동일한 혜택을 누리며 사용할 수 있다. 그래서 우리는 전날 사용을 시작한 시간을 잘 기억했다가, 다음 날 아침에 남은 시간을 알뜰히 이용해 관광지 입장료와 대중교통 요금을 절약했다.

리스보아 카드는 현지의 관광안내소에서 바로 구매하거나 인터넷으로 주문하고 현지에서 실물 카드로 바꾸어 사용할 수 있는데, 리스보아 카드 공식 사이트에서 구매하면 약간의 할인을 받을 수 있다. 사용할 날짜를 지정하는 것이 아니기 때문에 리스본 여행 계획이 확정되었다면 리스보아 카드를 미리 준비하면 좋을 것 같다.

사실 나는 여행을 떠나기 전부터 이 카드에 대해 알고 있었지만, 사용할 일이 없을 것 같아 고려하지 않았었다. 하지만 리스본에 와서야 우리는 교통비와 입장료를 절감하기 위해 리스보아 카드를 구입하기로 했고, 인터넷으로 검색하다가 때마침 국내여행사의 반값 할인 행사를 발견했다. 나는 꼼꼼한 랄프와 여행 일정을 따져본 후,

24시간권과 48시간권으로 나누어 주문했고, 다음날 여행사에서 보내온 이메일을 가지고 코메르시우 광장 옆에 있는 관광안내소에 가서 실물 카드로 교환했다. 우리는 이렇게 반값으로 구입한 리스보아 카드를 두 차례로 나누어 알뜰하게 사용했다. 여러모로 러키비키한 여행이다.

인연은
비행기 안에서 찾아왔다

  이상한 출장이었다. 이전의 업무 관련 출장과 달리 연수 프로그램으로 운영된 이번 출장에서 나에게 주어진 임무는 '인솔'이었다. 대부분의 공무원 연수가 그러하듯 모든 일정은 사전에 계획된 대로, 선정된 여행사에서 인원을 배치해 전담하고 인솔자로 참가한 담당자는 차질 없이 진행되는지를 확인하고 관리하는 것이 보통인데, 이번 출장은 그렇게 전개되지 않았다.

  앞에서 잠깐 언급한 바와 같이, 딸아이의 대학 입학과 함께 나는 서울에 있는 기관에서 근무하게 되었고, 그때 담당한 업무 중 하나가 공무원 해외연수였다. 파견 2년 차가 되던 해에 나는 독일에서 열리는 전시회와 관련 시설을 돌아보는 프로그램을 기획했다. 전국의 시도를 대표하여 스무 명에 가까운 공무원들이 참여했고, 연수 프로그램의 총괄 관리를 위해 담당자인 내가 함께 출장을 가게 되었다. 그리고 입찰로 선정된 여행사의 부사장님이 인솔 가이드로 참여했다.

각 지역에서 참가한 공무원들은 특색 있는 말투로 존재감을 드러냈지만, 다들 계획된 일정에 잘 따라주어 큰 어려움은 없었다. 그런데 여행사에서 함께 온 부사장님이 자신의 임무를 망각한 듯 마치 여행자인 양 멀찌감치 떨어져 유유자적한 모습으로 나를 답답하게 만들었다.

일정에 맞추어 안전하게 출장을 마치도록 관리하는 일이 담당자로서 나의 임무이기는 했지만, 현장에서의 인원 점검이나 신속한 이동을 위한 안내 등의 일정 관리는 여행사에서 함께 오신 그분의 역할인데도 그런 일에는 도통 관심이 없으셨다. 결국 여행 내내 버스 안에서의 인원 점검은 물론, 이런저런 불편이 없는지 살피는 일도 나의 몫이 되었다. 목마른 사람이 우물을 판다더니 성격 급한 내가 먼저 나서서 그랬던 걸까, 사람 좋은 어르신이었던 그분에게 왠지 당한 느낌이 드는 것은 내 기분 탓일 것이다. 쉬운 듯 까다로운 출장이었다.

그럼에도 모든 일정은 잘 마무리되었고, 우리는 독일 프랑크푸르트에서 인천으로 오는 K 항공의 비행기를 탔다. 마침내 비행기에 오르니 그동안의 긴장감이 풀리며 마음도 편안해졌다. 그리고 비행기 안에서는 친절한 승무원들이 여러 명 포진하여 승객들을 관리해 주니까 사실상 나의 임무는 거기서 끝이 났다고 생각하며 가벼운 마음으로 내 자리를 찾아 들어갔다.

장거리 노선의 비행기를 탈 때면 나는 복도 쪽 자리를 선호한다. 옆 사람에게 양해를 구하지 않고도 긴 비행시간 동안 자주 일어나 스트레칭을 하거나 화장실도 편히 갈 수 있어 좋다. 일행들이 모두 흩어져 각자의 자리를 찾아 들어간 다음, 나도 예약한 자리를 찾아갔다. 기내는 매우 복잡했고, 거의 빈자리가 없어 보였다. 사람들에 떠밀려 천천히 내 자리로 가니 창가 쪽 자리에 외국인이 먼저 들어와 앉아 있었다. 나를 본 그는 가벼운 인사를 보내왔고, 나도 미소와 함께 인사에 답하며 들고 간 기내용 가방을 선반 위에 올린 후 자리에 앉았다. 세 명이 나란히 앉는 좌석에 그는 창가, 나는 복도 쪽이었고, 그때까지 중간 자리는 비어 있었다.

잠시 후, 이륙 준비를 마친 비행기가 출발을 위해 문을 닫았지만, 비어 있던 중간 자리는 여전히 채워지지 않았다. 나는 조금은 안락하게 여행할 수 있겠다는 얄팍한 생각을 갖고, 좌석 앞 스크린 속의 영화 목록을 뒤적이기 시작했다.

그런데 그때, 창가 쪽에 앉은 외국인 남자가 말을 걸어왔다. 나의 영어 말하기 능력은 기본적인 생존 영어 수준이었고, 지금도 고만고만하지만 그때는 더 부담스러웠다. 갑작스러운 그의 질문 공세에 긴장한 나는 단답형으로 짧게 답할 수밖에 없었고, 그가 기분 상하지 않도록 예의 바르게 미소 지으며 빠르게 대화를 끝내고 싶었다. 그런 나의 표정을 읽었는지 그는 한 박자 느려진 속도와 또렷한 발음으로 질문을 이어갔고, 그의 배려 덕분에 조금씩 긴장이 풀어지며 우리의 대화는 계속되었다.

　이륙 후 어느 정도 시간이 지나 기내식이 나왔고, 식사를 마치자 기내의 불이 모두 꺼졌다. 길어지는 대화가 부담스러웠던 나는 졸린 시늉을 하며 눈을 감았고, 그동안의 긴장이 풀어지며 나도 모르게 깜박 잠이 들었다. 얼마나 시간이 지났을까, 상쾌한 기분으로 눈을 뜨니 기다렸다는 듯 그가 다시 말을 걸어왔다. 그리고 이번에는 아예 비어 있던 중간 자리로 옮겨와 이야기를 시작했다.

　그는 독일 출신으로 호주에서 살고 있으며, 매년 이맘때 비즈니스를 겸한 가족 방문을 위해 독일을 찾는다고 했다. 호주 브리즈번에서 독일 프랑크푸르트 사이를 오가는 여러 항공사의 비행기를 이용해 보았지만, 우리가 탔던 K 항공의 서비스가 마음에 들어 쭉 이 비행기를 이용하고 있으며, 이번에도 독일의 가족을 만나고 호주로 돌아가는 길이라고 했다. 나는 출장에서 돌아오는 길이고, 출장보다 진짜 여행을 하고 싶다고 말했던 것 같다.

　낯선 사람끼리의 대화는 공유할 포인트가 많지 않고 긴 답변이 불가능한 나의 언어능력도 한몫하며 잠시 이야기가 끊어진 틈을 타, 불편한 자리를 피하고 스트레칭도 할 겸 자리에서 일어났다. 그런데 일어서는 나를 보더니 그도 비행기 뒤편으로 따라왔다.

　의도치 않게 함께 서니, 그는 비행기가 불편해 보일 만큼 키가 컸다. 내 키는 167센티미터이다. 나보다 큰 친구가 있긴 하지만, 지금껏 키 때문에 기죽어 본 적은 없었다. 그런데 그 남자와 나란히 서니 높은 빌딩을 마주 보는 듯 목을 꺾고 쳐다봐야 했다. 큰 키에 떡 벌어진 어깨까지, 그는 전형적인 게르만족의 후예였다. 앉아 있을 땐 몰랐던 그 모습에 놀라며 스트레칭을 마친 나는 얼른 자리로 돌아왔다. 그때의 나는 초면에 지나친 친밀감을 나타내는 낯선 남자가 당황스러웠던 동방예의지국의 여자였다.

나의 불편한 속내와 상관없이 남은 비행시간 동안 우리의 대화는 계속 이어졌다. 커다란 눈을 반짝이며 갑자기 생각났다는 듯 계속해서 말을 걸어오는 그의 표정은 장난스러운 어린아이 같았다. 이 남자가 원래 수다스러운지, 내게 관심이 있어서인지 가늠할 수 없었지만 지루한 비행기에서의 시간을 때우는 나름의 방식인가보다 생각했다. 그 남자 덕분에 나도 11시간이 넘는 긴 비행시간을 지루하지 않게 보낼 수 있었다. 우연한 만남으로 옆자리의 낯선 외국인에 대해 조금 알게 되었고, 그의 몸에 밴 매너와 부드러운 미소를 보며 근거 없는 신뢰감까지 느껴졌다.

어느덧 착륙 시간이 다가왔고, 그가 명함을 내밀었다. 아주 오래전 펜팔로 친구를 사귀던 그 시절처럼 지금은 SNS로 친구를 만드는 세상이니 영어 하는 친구 한 명쯤 있어도 좋겠다는 생각에 나도 명함을 건넸다. 그렇게 우리는 익명의 누군가에서 조금 아는 사이가 되었다. 그리고 인천공항에 내린 후 그는 환승 라운지로, 나는 입국장으로 각자의 방향을 향해 멀어져 갔다.

헤어지면서 그는 '다시 만나자 See you again!'고 했고, 나는 '안녕 Bye!'

이라며 손을 흔들었다. 그때 그의 말은 통상적인 영어식 인사라고 생각했고, 우리가 다시 만날 일은 없을 거라 믿었던 나는 멀어지는 그의 뒷모습을 한 번 더 바라보았다. 낯선 외국인과 친구가 된 흔치 않은 경험이었고, 나의 영어 능력을 비관하며 다시 영어공부를 시작해야겠다고 다짐한 계기가 되었던 일이기도 하다.

직장에서의 모든 출장은 출장보고서 작성과 보고로 마무리된다. 주말에 여독을 풀고 월요일 아침에 출근해 보고서에 사용할 사진을 정리하고 있는데, 호주에서 국제전화가 걸려 왔다. 평소 같았으면 의심하며 받지 않았겠지만, 호주에 사는 사람과 연락처를 주고받았다는 생각에 무시할 수가 없어 조용한 회의실로 뛰어가 전화를 받았다. 역시나 전화를 걸어온 사람은 비행기에서 만난 그 남자였다. 도착해서 정신을 차리자마자 나에게 전화를 걸어온 그의 저돌적인 면에 당황할 수밖에 없었다.

이후에도 가끔 걸려 오는 그의 전화에 나는, 내 짧은 영어가 버겁고 그의 통신 요금도 걱정되어 전화 대신 한국인이 모두 쓰는 스마트폰 채팅앱을 사용하자고 제안했다. 그가 있는 호주의 브리즈번과 서울의 시차는 한 시간으로 부담 없이 연락을 주고받을 수 있었고, 프리랜서로 일하고 있던 이 남자는 그로부터 수시로 메시지를 보내왔다.

아쉽게도 나의 영어 실력이 드라마틱하게 발전하는 것은 아니었지만 꾸준히 연락하다 보니 그에게서 오랜 친구 같은 편안함이 느껴졌고, 어느새 진짜 친구가 된 것 같았다. 그렇게 우리는 비행기 옆자리에 앉았던 인연으로 펜팔이 아닌 채팅을 통해 서로의 일상을 공유하는 SNS 친구가 되었다. 그리고 그 만남은 내 생각처럼 단순하게 흘러가지 않았으니, 랄프와 나의 인연은 우연인 걸까 운명인 걸까?

우연과
운명 사이

다음 해에 나는 서울 생활을 마무리하고 원래 근무지인 D광역시의 시청으로 복귀했다. 돌아온 나에게 주어진 업무는 신규 프로젝트로 기획 중이던 미래 자동차 박람회라는 큰 행사였다. 친환경차나 자율주행차와 같은 미래형 자동차에 대한 기대감이 커지던 시기에, 신산업을 선점하여 지역 산업의 도약을 이끌겠다는 담대한 목표가 깔려있었다.

당시 신생 부서였던 자동차과는 턱없이 부족한 인력으로 과장님까지 직접 나서서 주어진 사업들을 꾸리던 상황이었다. 그러다 보니 처음으로 열리는 큰 박람회가 확정되었지만 담당할 직원이 없었고, 그때 마침 내가 발령을 받자 나의 능력과는 무관하게 그 프로젝트를 담당하게 되었다.

자동차에 대해 아는 것이라곤 운전면허증을 딸 때 필요한 지식 정도밖에 없었던 나에겐 모든 것이 새로운 도전이었다. 먼저, 시청 도서관에서 자동차와 관련한 책들을 빌려 읽었다. 전문적인 공학 서적은 감히 엄두도 낼 수 없었고, 전시회를 기획하기 위해 알아야 할 상식에 해당하는 책들을 찾아 읽었다.

세계적인 자동차회사들의 브랜드 네임과 역사를 담은 책들을 읽으며 자동차에 대한 흥미를 쌓았고, 우리 시가 추진 중인 각종 사업을 공부하며 조금씩 '풍월을 읊는 서당 개'가 되어갔다. 구체적인 프로젝트의 기획을 위해 우리나라 자동차업계 1세대 원로들의 지원을 받았고, 수많은 전문가의 조언을 받기도 했다.

그 프로젝트의 추진을 위해 나와 전시 전문기관, 자동차 전문기관의 담당자가 모여 팀을 이루었는데, 어쩌다 보니 우리 셋 다 초짜였다. 그러나 열정만큼은 여느 전문가에 못지않아, 다른 지역에서 열리는 자동차 행사를 벤치마킹하고 우리 행사를 알리기 위해 수시로 출장을 다녔다. 빡빡한 일정을 소화하면서도 일과 후에 다시 모여 기획 회의를 하며 샘솟는 아이디어를 나눌 만큼 열정이 넘쳤던 우리는 진정한 원팀이었다.

그러던 어느 날, 세계적인 자동차박람회의 하나인 '프랑크푸르트 모터쇼'가 독일에서 열린다는 소식을 알게 되었다. 지금은 뮌헨으로 옮겨갔지만, 당시 프랑크푸르트 메세에서 열리던 세계 최대 규모의 모터쇼였다. 윗선에서는 대규모 국제행사를 벤치마킹하여 우리의 첫 행사를 성공적으로 개최하라는 무거운 임무와 함께 국외 출장을 승인해 주었다.

　현지에서 만난 프랑크푸르트 모터쇼는 세계 자동차산업에서 독일의 위상을 보여주는 듯 엄청난 규모의 전시회로 우리를 주눅 들게 했다. 그 와중에도 나와 협력 기관의 담당자로 구성된 출장팀은 전시장을 누비며 전시회 구성과 주요 산업 트렌드를 공부하면서 동시에 우리 행사를 알리기 위해 고군분투했었다. 외국 자동차기업들을 국내에서 접촉하고는 있었지만, 현장에서 만난 그들이 우리를 알 리 없었고, 우리 행사가 신생 전시회인 만큼 모터쇼에 참석한 한국 기업들도 그다지 관심이 없는 것은 당연한 일이었다. 하지만 우리는 절박했고 막무가내 정신으로 똘똘 뭉쳐 홍보 리플릿을 거머쥐고 잠재고객을 찾아 전시장 이곳저곳을 돌아다녔다. 그때 모은 명함들 덕분에 조금은 풍성한 기업 풀이 만들어질 수 있었다. 무모한 도전이었지만 함께한 팀원들의 열정은 힘들었던 해외 출장을 좋은 추억으로 만들어 주었다.

　프랑크푸르트에서의 마지막 저녁, 함께 간 팀원들과 식사하며 출장을 마무리하고 있는데 스마트폰이 울렸다. 호주의 그 남자가 다음 날 아침에 내가 묵고 있는 호텔로 오겠다며 메시지를 보내왔다. 일 년 전 우연히 비행기에서 만나 가끔 소식을 주고받으며 독일 사람인 그에게 나의 출장에 관해서도 이야기했었다. 그도 비슷한 시기에 독일에 올 계획이 있는데 일정이 맞으면 만나러 오겠다고 했었지만, 그 말에 크게 무게를 두지 않았다. 스마트폰 채팅을 통해 형성된 친근감은 있었지만, 일 년이라는 시간이 흘렀고, 서로에 대해 잘 알지도 못하는 우리가 다시 만나게 되리라곤 상상조차 하지 않았기 때문이다.

다음 날 아침, 그는 정말로 내가 묵고 있던 호텔에 나타났다. 키 크고 덩치 좋은 그 남자가 호텔 로비에 들어서자, 어렵지 않게 그를 알아볼 수 있었고 그도 마찬가지로 내게 바로 다가왔다. 우리는 반갑게 포옹하며 재회의 기쁨을 나누었다.

그날 나는 함께 고생한 팀원들을 배신하고 다시 만난 그와 프랑크푸르트의 도심을 걸었다. 그는 매년 비슷한 시기에 가족들을 만나기 위해 프랑크푸르트 공항을 통해 독일에 온다고 했다. 우연히 비행기에서 만난 낯선 사람과 친구가 된 것도 흔치 않은 일인데, 호주와 한국에 사는 두 사람이 독일에서 다시 만나니 신기한 일이 아닐 수 없었다. 복잡한 생각이 묘한 감정을 일으키며 마음이 혼란스러웠다.

'이번 만남은 우연일까, 의도된 그의 계획일까? 아니면 그와 나는 진짜로 운명인 걸까?'

우리가 다시 만난 그날은 햇살이 눈부신 토요일 아침이었다. 나는 그가 이끄는 대로 낯선 프랑크푸르트 시내를 활보하며 현지인 찬스를 맘껏 즐겼다. 관광객들로 붐비는 도심의 작은 시장 클라인 마크트 할레Klein Markt Halle에서 유명한 소시지 빵을 먹었고, 시장 2층에 있는 야외 바에서 와인을 마셨다. 마인 강변에서 열린 벼룩시장을 구경하며 즐겁게 놀았고, 여행자들뿐만 아니라 현지인들도 즐겨 찾는 백 년 전통의 카페Wacker's Kaffee에서 커피를 마시며 서로의 이야기를 나누었다. 어느새 우리는 조금 아는 사람에서 가까운 친구처럼 편안한 사이가 되어있었다.

예측할 수 없는 일들이 연이어 일어나는, 삶은 신비롭다. 비행기에서 옆자리에 앉은 인연으로 서로 명함을 주고받긴 했지만, 다시 만날 일은 없을 거라 생각했던 호주에 사는 독일 남자를 일 년 만에 다시 독일 프랑크푸르트에서 만났다. 그리고 그다음 해에도 나의 출장에 맞춰 그가 다시 나타나면서 우리의 만남은 계속 이어졌다. 의도했든 아니든 간에 계속된 그의 출현 덕분에 우리의 관계는 조금씩 발전해 나갔고, 여전히 서로를 알아가는 중인 그 남자와 나의 이야기는 현재진행형이다.

이제 와 생각해 보니, 나의 직장과 일이 우리를 연결해 준 매개체였다. 비행기에서 그를 처음 만났던 그 날 나는 출장에서 돌아오는 길이었고, 독일에서 그를 다시 만나게 된 것도 역시 나의 출장 덕분이었다. 일과 직장과 출장 기회를 주신 모든 분들께 감사해야겠다.

우리의 첫 만남과 그로부터 이어진 뒷이야기를 들은 내 친구들은 영화에서나 일어날 일이라며 신기해했다. 반세기 이상을 서로 다른 문화에서 남자와 여자로 살아온 우리가 서로를 완전히 이해할 수 있을 거라고는 생각하지 않는다. 가끔은 상대의 무심한 말과 행동으로 상처를 받기도 하지만, 터놓고 이야기하다 보니 어렵지 않게 해소된다. 어쩌면 언어의 장벽으로 빨리 포기하는 건 내 쪽이지만, 힘이 센 만큼 인내심도 강한 그가 나를 많이 참아주고 있다는 것을 알기에 감사하다. 여전히 갈 길이 멀어 보이는 우리의 관계이지만, 그는 지금 나의 든든한 여행파트너가 되어 허술한 나를 지켜주며 함께 세상을 알아가는 중이다.

소설가와 서점,
그리고 추억

우리나라 한강 작가의 노벨문학상 수상 소식을 리스본에서 들었다. 뉴스를 보고 너무 기뻤던 나머지 옆에 있던 남자 친구가 깜짝 놀랄 정도로 환호성을 질렀다. 우리나라에도 훌륭한 작가들이 많지만 노벨문학상과는 인연이 없어 안타까웠는데, 한강 작가 덕분에 노벨문학상 수상 작가를 배출한 나라의 반열에 오르게 되었다. 이제 막 글쓰기를 시작한 초보 은퇴자에게도 자부심과 함께 글쓰기에 대한 동기를 불어넣어 준 소식이기도 했다.

포르투갈에도 노벨문학상을 수상한 작가 주제 사라마구(José Saramago)가 있다. 리스본 여행을 준비하면서 예전에 인상 깊게 읽었던 그의 소설 〈눈먼 자들의 도시〉를 다시 읽었고, 리스본에서 그의 자취를 따라가 보고 싶었다.

주제 사라마구는 우리나라에도 잘 알려진 소설가이자 언론인으로 20세기를 대표하는 문학의 거장이다. 1998년 노벨문학상 위원회는 '상상력과 아이러니가 풍부한 이야기로 우리의 눈을 속이는 현실에 대한 이해를 높여 주었다'라는 심사평과 함께 그에게 노벨문학상을 안겨주었다. 주요 작품으로 〈죄악의 땅〉, 〈수도원의 비망록〉, 〈눈먼 자들의 도시〉, 〈이름 없는 자들의 도시〉, 〈도플갱어〉 등이 있다.

리스본 구시가지에 위치한 독특한 문양의 건물에 그에 관한 기록을 모아 전시하는 기념관이 있다. 건물 외벽에 사라마구의 초상화가 크게 걸려있어 근처에 가면 쉽게 찾을 수 있다.

사라마구 기념관 건물의 0층(우리의 1층)은 고고학적인 의미가 있는 고대 리스본의 주거 구조물이 전시되어 있고, 1층부터 4층까지는 사라마구 기념관으로 조성되어 있다. 0층은 누구나 무료로 이용할 수 있고, 위쪽의 사라마구 기념관은 입장료를 내야 한다. 기념관 1층은 사라마구의 전시 'The seed and fruits', 2층은 재단 사무실, 3층은 서점과 기념품 판매장, 4층은 오디토리움과 도서관으로 구성되어 있다.

이곳에는 주제 사라마구의 모든 작품과 노벨문학상을 수상하던 당시의 영상과 사진, 그가 받은 메달까지 전시되어 있다. 작가가 원고를 탈고하기까지 수없이 수정을 거듭하며 남긴, 생생한 필적이 담긴 작업본도 있다. 하나의 작품이 탄생하기까지 얼마나 많은 낮과 밤을 쏟아부었을까. 위대한 작가의 생애를 살펴볼 수 있었던 소중한 시간이었다.

사라마구 기념관과 올리브나무

　사라마구 기념관 내부를 둘러보았다면 잊지 말아야 할 것이 있다. 바로 사라마구의 무덤에서 그를 기리는 일이다. 많은 사람이 스쳐 지나가는 이 건물 앞의 큰 올리브 나무 아래에 주제 사라마구가 잠들어 있다. 나무 옆 바닥 한쪽에는 그의 이름과 생애 기간(1922~2010)이 적혀 있고, 반대쪽에는 그의 소설 〈리카르두 레이스가 죽은 해O Ano da Morte de Ricardo Reis〉에서 가져온 문장이 새겨져 있다. 현실과 인간에 대해 깊은 관심을 가졌던 그의 문학과 철학이 함축적으로 담겨 있다고 평가되는 글이다. 죽은 후에도 작가의 정신은 이 땅에 남아 독자들에게 영향을 주고 있다는 의미로 여겨진다.

MAS NÃO SUBIU PARA AS ESTRELAS, SE À TERRA PERTENCIA
(그러나 그는 별들로 올라가지 않았다. 그는 땅에 속해 있었기 때문이다.)

책 이야기가 나온 김에 덧붙이는데, 기네스북에 등재된 세계에서 가장 오래된 서점이 리스본에 있다는 사실을 아시는지? 우리도 도심에서 어슬렁거리다 서점 건물의 외벽에 붙은 기네스 표지를 발견한 후 알게 되었다.

GUINESS WORLD RECORD(기네스 세계 기록)
- OLDEST OPERATING BOOKSHOP(가장 오랫동안 운영되고 있는 서점)

리브라리아 베르트랑 서점Livraria Bertrand으로, 외관은 여느 오래된 리스본의 건물처럼 하얗고 파란 문양의 아줄레주로 장식되어 있다. 1732년에 처음 문을 연 이 서점은 1755년 리스본 대지진으로 원래의 자리가 파괴된 후, 현재의 키아도Chiado 지역으로 이전해 지금까지 운영되고 있다고 한다.

좁은 문을 통해 서점에 들어가면, 입구의 첫 번째 방은 그리 넓어 보이지 않지만 복도식으로 연결된 방들이 길게 이어져 있어 서점 내

리브라리아 베르트랑 서점 입구

부는 꽤 넓었다. 주제별로 책들이 전시되어 있고, 주제 사라마구를 비롯하여 유명한 포르투갈 작가들의 작품이 많이 진열되어 있었다. 서점 내부를 가로질러 끝까지 들어가면 카페가 있는데, 천천히 서점을 돌아본 후 그곳에 앉아 에스프레소 한 잔을 마시며 책을 읽거나 잠시 쉬었다가 갈 수 있겠다. 책을 좋아하는 사람이라면 리스본 방문 기념으로 꼭 가볼 만한 곳이다.

밤 10까지 운영하는 '세계에서 가장 오래된 서점'은 늦은 시간에도 손님들로 북적였다. 책을 사려는 사람, 서점을 구경 온 우리 같은 사람들이 바쁘게 오가고 있었다. 한국인 단체 관광객들도 가이드의 설명을 들으며 열심히 돌아보고 있었다. 어디선가 들려오는 한국말이 너무 반가워 아는 척을 하고 말았다. 우리는 여행을 즐기고 책을 사랑하는 민족이다.

대부분 포르투갈어 책이지만 영어로 된 책들이 따로 진열된 서가도 있다. 기념으로 한두 권이라도 사고 싶었지만, 이미 가져간 책과 짐의 무게가 걱정되어 서점 구경만으로 만족해야 했다. 나중에 독일에서 영어로 번역된 한강 작가의 책을 사서 랄프에게 크리스마스 선물로 주었는데 '세상에서 가장 오래된 서점'에서 샀더라면 더 좋았겠다 싶었다. 우리가 리스본에 머물던 시기는 한강의 노벨문학상 수상이 발표된 직후였고, 번역본이 공급되기 전이었기 때문에 그곳에서 한강의 책을 살 기회가 없었던 것이 아쉬웠다.

내가 살고 있는 도시에도 예전에 서점 거리가 있었다. 실제로 그렇게 불린 것은 아니었지만 본영당서점, 청운서림, 학원서림 같은 정겨운 이름의 서점들이 그 길에 차례로 있었다. 1980년대에 학창 시절을 보낸 우리 세대에게 그 서점들은 아련한 추억의 장소이다. 스마트폰도 삐삐도 없던 시절, 우리는 약속 장소로 서점을 많이 이용했다. 'D백화점 정문' 같은 큰 건물 앞에서 만날 약속을 잡기도 했지만, 나는 서점을 더 좋아했다. 길 위에 서 있는 것보다 기다리는 사이 책을 읽으며 시간을 보낼 수 있었기 때문이다.

2000년대에 들어서면서 그 서점들은 차례로 문을 닫았고, 지금은 서울에서 내려온 거대 자본의 서점이 독자들을 맞고 있다. 책을 읽지 않는 시대에 그나마 명맥을 유지해 주는 데 대해 감사해야 할지도 모르지만, 그 시절의 서점들이 그립다.

이제 서점이 있던 자리는 업종이 바뀌었거나 새 건물이 들어섰다. 다만 본영당서점이 있던 건물 외벽에는 당시의 서점 이름이 아직도 남아 있었다. 어느 날 그 건물이 내려다보이는 건너편의 높은 건물에 있는 치과에서 치료를 기다리다가 창밖으로 보이는 그 이름을 발견했다. 그 순간, 가슴 저 아래에서 뜨거운 무언가가 솟구치며 잠시 옛 생각에 잠겼었다.

세월이 흐르며 나도 변하고, 도시도 변했다. 그 시절, 우리와 함께한 이문세의 노래가 귓전에 들리는 듯했다.

'그리운 것은 그리운 대로 내 맘에 둘 거야…'

그 시절의 그리운 얼굴들을 떠올려 보지만, 이름도 가물가물한 그 친구들도 나처럼 변하여 어딘가에서 잘 살아가고 있겠지…

낯선 나라에서 우연히 발견한 '세상에서 가장 오래된 서점'에서 나의 젊은 시절을 추억하는 동안 가슴이 따뜻해지는 밤이었다.

걸어서 리스본

리스본에서 길을 걸을 때는 하늘 한 번, 땅 한 번을 번갈아 보면서 가야 한다. 아름다운 하늘과 건물의 외벽에 그려진 벽화들을 감상해야 하고, 특별한 패턴으로 꾸며진 길바닥의 칼사다도 놓치지 않기 위해서다. 눈부시게 아름다운 경치를 내려다볼 수 있는 전망대가 쭉 늘어선 일곱 언덕 위로, 들쭉날쭉 튀어나온 다채로운 건물들이 여기저기 흩어져 리스본이라는 도시를 이룬다.

여행을 계획하는
우리의 방식

태어난 도시를 떠나는 일이 더 이상 두렵지 않게 된 후부터 나는 여행을 꿈꾸며 살았다. 우리나라의 직장인이라면 누구나 비슷한 형편이겠지만 나의 여행은 삶과 직장이라는 테두리 안에서 늘 한계를 느낄 수밖에 없었다. 짬짬이 휴가를 내어 여행을 다니긴 했지만, 한정된 시간 동안 바쁘게 돌아봐야 하는 짧은 여행은 늘 아쉬움을 남겼다. 무엇보다 어렵게 시간을 맞추어 여행을 떠나도 나의 휴가는 일주일 한정으로 가능했기 때문에, 시간에 크게 구애받지 않고 여유가 있던 랄프는 그런 나를 안타까워했었다. 여행을 좋아하는 그는 우리가 함께하는 여유로운 여행을 기대하며 나의 이른 은퇴를 누구보다 더 반겼다.

나와 랄프가 함께하는 여행은 가고 싶은 곳을 먼저 정하고 비행기와 숙소를 차례로 예약하는 식으로 이루어진다. 우선 서너 달 정도의 대략적인 일정 안에서 항공권을 살펴본다. 항공권은 예약하는 시기에 따라 가격 차이가 크기 때문에 저렴한 티켓을 일찌감치 확보해 두는 것이 경비를 절약할 수 있는 포인트이다. 여행 시기나 기간에 얽매이지 않는 것은 은퇴한 우리가 가질 수 있는 최고의 여유다.

항공권을 예약하면 다음으로, 거기에 맞춰 숙소를 찾는다. 여행지의 숙소를 정할 때 우리가 가장 중요하게 생각하는 점은 바로 '위치'이다. 여행할 도시의 주요 지점까지 걸어서 돌아다닐 수 있는 위치에 베이스캠프를 두면 어디든 쉽게 접근할 수 있다. 도시의 뒷골목 탐험을 즐기는 우리의 여행 방식에 따라 걸어서 돌아다니다 보면 더 많은 즐거움을 보고 얻게 된다. 그렇게 위치를 정한 다음에, 예산에 맞춰 저렴한 호텔이나 에어비앤비, 때로는 호스텔까지 차례로 뒤진다. 짧은 여행이 아닌 경우에는 특히나 숙박 경비를 절약하려는 랄프의 노력은 끊임없이 이어진다.

이런 관점에서 우리가 예약한 리스본의 숙소는 완벽했다. 여행자들이 모이는 리스본 시내의 유명한 유적지와 광장까지 걸어서 갈 수 있었고, 페리 선착장도 가까이 있어 도심 내 탐방은 물론 근교로의 이동도 편리했다. 거기다 맛집들이 모여있는 '타임아웃 마켓'과 식당, 카페들이 줄지어 있어 여행자로서 먹고사는 문제에 전혀 어려움이 없었다.

젊은 시절 배낭을 메고 여러 나라를 여행한 경험이 있는 랄프는 숙소로 저렴한 백패커스나 호스텔을 선호한다. 그때의 그는 젊었고,

지금의 나는 나이가 들었으며 더구나 그런 종류의 숙소에 익숙하지 않다. 리스본에서 숙소를 찾으면서 그는 공동욕실을 사용하는 호텔을 예약하고 싶어했다. 유럽의 오래된 호텔은 공동욕실을 사용하는 곳이 많다고 한다. 랄프가 그 호텔을 선호한 이유는 저렴한 가격이 한몫한 것으로 보였지만, 그는 끝내 가격은 넣어두고 위치가 탁월하다며 나를 설득하려 했다.

하지만 나는 럭셔리하진 않더라도 사생활을 보호받을 수 있는 곳에서 지내고 싶었다. 그때까지만 해도 내게는 욕실을 공유하는 숙박의 경험이 없었고, 불편할 것이라는 선입견이 있었다. 나를 이해하지 못하는 그를 겨우 설득하여 최소한의 독립적인 시설이 갖추어진 지금의 아파트먼트를 예약할 수 있었다.

나중에 리스본을 떠나, 다음 여행지였던 스페인 세비야에서 우리는 호스텔을 선택했다. 리스본 숙소 예약에 강경했던 나는, 물가가 좀 더 비싼 스페인에서는 우리의 재정 상황을 감안하여 더 이상 고집을 피울 수가 없었다. 욕실과 화장실을 다른 사람들과 공유해야 하는 호스텔은 불편했지만, 금세 익숙해졌고 그럭저럭 지낼 만했었다. 나이 들어서도 새로운 경험은 계속 쌓인다. 어쨌거나 첫 번째 여행지였던 리스본의 숙소를 예약할 땐 모든 것이 낯설고 걱정스러웠다.

우리가 여행을 계획하는 방식에는 심각한 허점이 있는데, 현지에서 무엇을 할지에 대한 실행계획이 없다. 며칠 동안 살피며 비행기표를 예매하고 숙박을 정했지만, 여행안내 책자를 꼼꼼히 찾아보거나 여행지에서의 세부 계획을 짜지 않는다. 유명 관광지들을 놓치지 않고 봐야겠다는 생각은 애초에 없다. 그러다 보니 일반적인 여행자들의 시각에서 보면 놓치는 것들이 많은데, 그렇다고 아쉬워하지도 않는다. 우리가 좋아하는 것들을 보고 즐겼으면 그만이라고 생각한다.

길에서 만난 소소한 것들을 탐구하는 것이 우리가 여행을 즐기는 방식이다. 이런 이유로 우리의 여행은 골목길에서 보내는 시간이 많다. 리스본 여행을 결정했을 때도 대항해시대를 이끈 포르투갈의 오래된 명성 외에 그다지 아는 것이 없었다. 영화 속 장면에서 본 리스본의 아름다운 모습만으로도 여행의 이유는 분명했고, 도시를 돌아보며 찬찬히 알아가면 된다는 대책 없는 믿음이 있었다. 발품을 팔며 다니다 보면 낯설었던 곳이 어느새 익숙해지고, 그곳에서 만난 사람들과 마음을 나누는 친구가 되기도 하니까 조급해할 필요가 없었다.

사실 이것은 독일 사람인 랄프가 여행하는 방식이다. 그는 젊은 시절부터 여러 나라와 도시들을 여행하면서 현지인처럼 살았었고, 그 경험을 토대로 지금 살고 있는 호주에 정착하게 되었다고 한다. 가끔 그의 특이한 시도가 낯설고 미덥지 않을 때도 있지만, 그간의 경험에서 얻은 자신감인 것을 알게 되었다. 태어난 도시에서 한 가지 직업을 기반으로 평생을 살았던 나와는 완전히 다른 삶을 살아온 그가 놀랍고 부럽기도 하다.

그런 랄프의 여행 방식에 비해 지금까지 나의 여행은 짧은 휴가

동안 남들이 가는 곳은 당연히 가면서 최대한 많은 곳을 둘러보려고 했었다. 그러다 보니 휴가에서 쉼을 얻지 못했고, 새로운 곳을 다녀왔다는 사실만으로 위안 삼았던 것 같다. 하지만 은퇴한 지금의 나는, 그가 여행하는 방식이 편안하고 좋다. 계획적이지는 않지만 세밀하게 알아가는 여행을 할 수 있다. 누구나 좋아하는 일, 관심 있는 일에 더 많은 시간을 보내는 것은 당연한 일일 것이다. 그래서 이제 그를 믿고 따라간다.

그와 유럽을 여행하면 좋은 점이 또 있다. 독일에서 교육받은 랄프는 유럽의 역사에 대해 국가 간의 복잡한 관계를 기반으로 많은 것을 알려준다, 특히 주요 사건들은 연도까지 기억하며 설명해 주곤 한다. 학교에서 공부했던 세계사는 흐린 기억 속으로 사라져 버렸고, 가끔 재미있는 역사책을 읽긴 했지만 나의 지식은 얕팍하다. 그래서 더욱 그의 해박한 역사 지식이 놀랍다. 거기서 비롯된 약간의 존경심을 유지하기 위해 그가 알려준 사건의 경위나 연도 따위는 확인하지 않는다. 재밌으면 그만이지, 뭣이 중한가!

낯선 도시에 도착하면 우리는 그런 다름이 만들어준 호기심이 이끄는 대로 무작정 걷는다. 대책 없는 우리의 여행은 리스본의 좁은 골목길에서 새로운 것들을 마주하는 것만으로도 이미 흥분의 연속이었다.

하늘 한 번,
땅 한 번

10월 첫 주, 리스본의 낮 기온은 20~23℃ 정도여서 한가로운 여행자들이 이 골목 저 골목 기웃거리며 돌아다니기에 딱 좋은 날씨였다. 일기예보에는 주중에 계속 비가 내릴 것이라는 소식을 전해주고 있었지만, 다행히 날씨는 예보를 빗나가는 경우가 많았다. 햇살 가득한 아침의 골목길은 낯선 여행자의 마음을 설레게 했고, 마주치는 소소한 풍경들은 자연스럽게 스마트폰의 카메라를 열게 했다.

지도를 볼 생각도 없이 골목길을 따라 걷던 우리는 어느 오래된 건물 앞에 멈춰 섰다. 건물 외벽을 가득 채운 벽화가 우리 앞을 막아 선 것이다. 신화 속 여신 같은 여자의 얼굴을 커다란 꽃들이 둘러싸고 있는 그림이었다. 여자의 흩날리는 머릿결과 눈을 감고 생각에 잠긴 듯 굳게 다문 입술이 신비로움을 자아내고 있었다. 갑자기 우리 앞에 나타난 그림 속의 여자에게 푹 빠져 우리는 한참 동안 자리

The Listening of Silence 벽화

를 뜰 수 없었다.

리스본은 그라피티 문화가 매우 활발한 도시라고 한다. 도시의 문화적 가치를 높이기 위해 리스본시市에서 주도하여 벽화를 그리는 프로젝트가 진행 중이고, 관공서뿐만 아니라 개인들도 예술가와 합작으로 자신의 집 담벼락에 그림을 그리는 경우가 많다고 한다. 우리가 걸었던 골목길 곳곳에서 벽화가 그려진 집들을 볼 수 있었는데, 특히 알파마 지구 언덕길에서 다양한 벽화들을 볼 수 있었다.

우리가 본 이 작품은 네덜란드 출신의 스트리트 아티스트인 유디트 드 레위Judith de Leeuw가 그린 '침묵을 듣다The Listening of Silence'라는 제목의 벽화이다. 제목이 주는 이미지처럼 그림 속의 여자는 입술을 굳게 다물고 고요한 표정으로 그곳을 지나는 이들의 걸음을 멈추게 한다. 이처럼 리스본의 골목길에서 갑자기 나타나는 벽화들을 즐기며 예술 감성을 채우는 일도 무척이나 재미있는 일이었다.

리스본의 그라피티는 거리의 예술로서 그들만의 장르를 이루고 있었다. 지금은 아름다운 벽화들도 시간이 지나면서 비바람에 씻기고 햇볕에 바래 갈 것이다. 세월의 흔적이 더해져 멋스러울지도 모르겠지만 꾸준히 관리하여 리스본 그라피티의 명성을 지켜갔으면 좋겠다.

리스본의 골목길과 광장의 바닥은 작은 돌들로 촘촘하게 채워져 있다. 우리나라 도시의 길처럼 보도블록을 깔아 평평하게 해 놓은 것이 아니라 작게 쪼개진 돌로 울퉁불퉁하지만 정교하게 짜맞춰져 있다. 이것은 '칼사다 포르투게사Calçada Portuguesa'라고 부르는 포르투갈의 전통적인 바닥 포장 방식이다. 주로 흰색의 석회암과 검은색의 현무암으로 만든 작은 돌들을 사용해 물결무늬나 꽃무늬를 비롯하여 기하학적인 무늬까지 다양한 패턴으로 도로와 광장의 바닥을 장식하고 있다.

호시우 광장의 물결무늬 칼사다

오랜 역사를 지닌 칼사다는 단순한 도로포장의 의미를 넘어 도시의 역사와 문화를 반영한 디자인들로 꾸며져 포르투갈의 문화유산으로 인정받고 있다. 특히 전 세계 여행자들에게 리스본 여행의 출발지로 꼽히는 호시우 광장Praça do Rossio의 물결무늬 패턴이 유명하다.

길을 걷다 보니, 보행로를 정비하는 모습을 가끔 볼 수 있었다. 돌을 하나하나 다듬어 평평하게 배치해 놓고, 그것들을 압착시키기 위해 고무망치로 두들기는 모습이 매우 신중해 보였다. 손상된 부분을 정해진 패턴에 따라 다듬는 보수 작업은 숙련된 장인들에 의해 수작업으로 이루어진다. 정교하게 돌을 다듬는 그들의 작업이 도로건설 분야에 문외한인 내게도 꽤 흥미로워 보였다.

하지만 리스본의 독특한 칼사다 양식의 도로 환경은 뾰족한 하이힐이나 바닥이 얇은 신발을 선호하는 사람이라면 위험할 수도 있겠다. 특히 걷기를 즐기는 여행자라면 발이 편한 운동화를 신는 것이 안전하다.

리스본 여행을 준비하면서 걱정했던 부분 중 하나가 나의 발이다. 만성 족저근막염 환자인 나는 아무리 편한 신발을 신어도 발꿈치에 통증이 느껴지면 오래 걷지 못한다. 마지막으로 찾아갔던 발 전문 병원에서는 내 발의 아치가 높아서 생긴 증상 같다는 진단을 내렸지만, 정확한 치료법을 제시하지는 못했다.

유독 걷기를 즐기는 랄프와 여행하다 보니 나는 발의 통증을 걱정할 수밖에 없었는데 당해보지 않은 사람은 이해할 수 없는 병이다. 한 번은 심했던 통증 때문에 가던 길을 포기해야 했던 일이 있었다. 발꿈치를 찌르는 듯한 통증이 예사롭지 않아 더 이상 걸을 수 없다고 주저앉아버렸다. 그때 이후 랄프는 내 발의 상태를 수시로 물어보았고, 오래 걸은 날에는 발 마사지를 해주기도 한다.

리스본에서 우리는 하루에 보통 2만 보쯤 걸었다. 그런데 놀랍게도 내 발바닥 통증이 심각하게 느껴지지 않았고, 나 자신도 신기할 만큼 잘 걷고 있다는 것을 깨달았다. 나중에 곰곰이 분석해 보니, 리스본의 독특한 도로 환경 덕분이라는 결론에 이르렀다. 걷는 내내 바닥에 깔린 작은 돌들이 발바닥을 마사지해 주었고, 언덕길을 오르내리는 과정에서 다리가 자연스럽게 스트레칭 되며 발을 당겨주는 운동을 반복하고 있었다. 나도 모르는 사이에 병원에서 알려준 발 운동법을 실천하고 있었던 것이다. 나의 만성적인 족저근막염이 나은 것은 아니지만, 리스본의 칼사다 효과를 톡톡히 누리면서 어느새 걷는 데에 자신감이 생겼다. 나처럼 발이 불편한 사람도 잘 걸을 수 있는 리스본이 더 좋아졌다.

소소한 즐거움이 가득한 리스본에서 길을 걸을 때는 하늘 한 번, 땅 한 번을 번갈아 보면서 가야 한다. 아름다운 하늘과 건물의 외벽에 그려진 벽화들을 감상해야 하고, 특별한 패턴으로 꾸며진 길바닥의 칼사다도 놓치지 않기 위해서다.

차를 타기보다 천천히 걷다 보면 좀 더 많은 것을 볼 수 있다. 리스본의 좁은 골목길에는 온갖 종류의 자동차와 트램, 여행자들을 태

리스본 거리에서 흔히 볼 수 있는 칼사다 패턴

운 툭툭이까지 줄지어 나타나지만, 그들의 방식에 의해 순조롭게 교행이 이루어진다. 한 사람이 겨우 걸을 수 있는 좁은 인도를 따라 걸어서 떠난 우리의 골목길 여행은 날마다 새로운 것들로 채워지고 있었다.

아줄레주의
　　　비밀

　리스본의 골목길에서 바닥의 칼사다만큼 놓치지 말아야 할 것이 건물 외벽을 장식한 타일인 아줄레주Azulejo다. 아줄레주는 유약을 입힌 도자기 타일을 말하는데, 파란색과 흰색이 주를 이루지만 다채로운 색상의 타일로 꾸며진 건물들도 많아서 비교하며 찾아보는 재미가 있다. 우리나라에서는 타일이 주로 실내 공간에 쓰이는 건축자재로 이용되고 있지만, 포르투갈의 아줄레주는 벽화처럼 건물의 외벽을 장식하고 있다.

　이슬람에서 기원해 포르투갈 고유의 예술로 발전한 아줄레주 문화는 건축, 종교, 역사와 대중문화까지 포르투갈 사람들의 생활 전반에 깊이 스며든 문화유산이다. 길거리의 평범한 건물들에서도 다양한 패턴과 색깔의 아줄레주로 꾸민 집들을 쉽게 볼 수 있다. 오래되어 빛바랜 타일로 장식된 건물들이 그 거리의 역사를 말해주는 듯 무심하게 자리를 지키고 있다. 리스본에 왔기 때문에 누릴 수 있는

아줄레주로 장식된 집

이국적인 볼거리다.

나에겐 아줄레주에 얽힌 숨기고 싶은 비밀이 있다. 랄프와 비행기에서의 첫 만남 이후 프랑크푸르트에서 우리가 다시 만났을 때, 그는 사업차 포르투갈에 갔었다고 했다. 그가 일을 마치고 프랑크푸르트로 돌아온 날은 우리가 독일을 떠나는 날이었고, 토요일이었던 그날, 저녁 비행기를 타기까지 나의 여유시간 동안 그와 함께 시간을 보낼 수 있었다.

그때 랄프가 내게 준 선물이 포르투갈 타일이었다. 그는 신문지로 둘둘 말린 타일을 가방에서 꺼내 펼쳐 보이며 포르투갈 타일의 역사에 대해 설명을 해주었다. 하지만 포르투갈의 타일 문화에 대해 전혀 몰랐던 나는 그의 설명에 집중하기보다 뜬금없는 선물에 놀라 그것만 노려보고 있었다. 그가 내민 타일의 앞면은 오래되어 빛이 바랜 듯 누런색을 띤 데다 한쪽 귀퉁이는 떨어져 나갔고, 뒷면에는 타일을 시공할 때 사용했을 시멘트 같은 재료의 흔적까지 그대로 남아 있었다. 이런 것을 선물이라고 주는 그를 보며 고맙다는 말도 나오지 않았다.

그래도 선물인지라 받아서 대충 가방에 넣고 공항으로 갔다. 사건은 거기서 생겼는데 출국심사대에서 가방을 스캔하던 직원이 나를 찾더니 가방을 열어 달라고 했다. 그는 수상해 보이는 타일 뭉치를 들고 가서 뭔지 모를 테스트를 거친 후에 도로 돌려주었다. 당연히 문제가 없었을 테지만, 미묘한 시선으로 나를 바라보는 그에게

아줄레주 판매점

'기념품Souvenir'이라고 말하며 어색한 웃음을 지었던 일이 아직도 생생하다. 그런 일까지 겪었던지라 타일에 대한 나의 감정은 매우 불편했었다.

리스본 도심 곳곳에 타일 전문 판매점과 골동품 가게들이 있다. 이런 곳에서 판매되는 타일은 역사가 오래되고 보존 상태가 좋을수록 가격이 올라간다. 역사성은 없지만 관광객들을 위해 제작된 예쁜 신상 타일들도 있어서 가벼운 기념품으로 적당하다.

랄프는 익숙한 듯 도심에서 조금 벗어난 곳의 아줄레주 전문점을 찾아갔다. 나는 이전의 불편했던 기억이 소환되며 타일에 대해 그다지 호의적이지 않았지만 구경삼아 따라가 보기로 했다. 어두운 입구를 통해 안으로 들어서니 지하와 2층으로 연결되는 계단이 서로 다른 방향으로 뻗어 토끼 굴처럼 이어져 있었다. 입구만 한 곳일 뿐 두 개의 건물이 이어진 것처럼 실내는 예상보다 엄청 넓었다.

입구에서부터 지하와 2층까지, 그곳에는 감히 헤아릴 수 없을 정도의 수많은 타일이 진열되어 있었다. 복도를 따라 설치된 선반 위에 낱장의 타일들과 여러 장이 모여 패턴을 이루는 세트형 타일들이 가득 쌓여 있었고, 벽에 걸려있는 예술적인 대작들은 우리를 압도했다. 특히 벽화 같은 대형 작품들은 종교나 역사의 현장을 재현한 것들로, 그림의 일부를 품은 타일들이 이어져 큰 작품을 이루고 있었다.

타일들은 제작된 시기와 가치에 따라 가격이 매겨져 있었는데, 몇 유로에 불과한 저렴한 것부터 수백에서 수천 유로를 호가하는 고가의 제품들까지 새로운 주인을 기다리고 있었다. 그곳에서 나는 그 동안 알지 못했던 아줄레주의 신세계를 만났다. 직접 돌아보지 않았다면 알 수 없었을 포르투갈 아줄레주 문화에 대한 경외심으로 무식했던 지난날을 깊이 반성했다. 리스본에 가면 이런 곳에서 포르투갈의 전통문화를 다양하게 경험해 볼 것을 추천한다.

그날 이후, 랄프는 여러 타일 가게와 도둑 시장이라고 불리는 알파마의 벼룩시장까지 섭렵하며 타일들을 사 모았다. 호주로 돌아가 집을 수리할 때 그것들을 사용하겠다고 한다. 과연 오래되고 빛바랜 타일들이 그곳에 어울릴지는 알 수 없지만, 그의 취향이 확고한 데다 나도 이미 아줄레주에 흥미를 느낀 상황이라 믿어보기로 했다.

그렇게 열정적으로 타일을 찾아다니던 랄프는 리스본에서의 마지막 주말에 혼자서 벼룩시장에 가더니 포르투갈 아줄레주의 역사가 담긴 두꺼운 책을 사들고 나타났다. 내가 리스본에 있는 아줄레주 박물관에 가보고 싶다고 했던 것을 기억하고 책을 사온 것이었다. 그는 그 책 속에 박물관보다 더 자세하게 아줄레주에 대해 소개하고 있다면서 자신만만하게 선물이라며 내밀었다.

'이 친구, 정말 진심이다!'

여행 가방의 무게를 신경 써야 하는 저가 항공기 승객이면서도 그의 타일 구매는 계속되었고, 나는 기념품으로 작고 예쁜 타일 자석 몇 개를 구입하는 것으로 대신했다.

독일에서 랄프가 내게 선물로 준 타일은 어느 공사장에서 주워온 것이 아니라 리스본 여행의 진정한 기념품이었다. 무지했던 그때의 내가 부끄러웠고, 그를 오해한 것이 미안했다. 아직은 그에게 말하지 못한 비밀이다. 다행히 그 타일은 지금 우리 집 어딘가에 있다.

꽃과 나의
엇갈린 관계

도시의 골목길을 걷다 보면 화사한 장미꽃이 담을 넘는가 하면, 능소화를 매단 줄기가 시원하게 뻗어 나간 울타리를 만날 수도 있다. 더러는 화분에다 앙증맞은 꽃들을 가꾸어 내놓은 모습에 흐뭇한 미소를 짓게도 된다.

사람들의 꽃에 대한 심성은 별반 다를 바 없는 듯 리스본의 골목길에서도 마찬가지였다. 작은 발코니에 갖가지 꽃들이 자라는 집들이 반가웠고, 담벼락을 기어오른 무성한 줄기에 달린 이름 모를 꽃들이 발걸음을 멈추게 했다.

하지만 내게는 꽃에 얽힌 아름답지만은 않은 기억이 있다. 내가 공무원으로 첫 발령을 받고 인사 신고가 있던 날의 일이다. 전화를 걸어온 인사 부서의 담당 직원은 몇 가지 서류를 준비해서 토요일 아침 10시까지 시청으로 오면 된다고 말했었다. 당시는 주 5일 근무가 시행되기 전이었고, 토요일에도 오후 1시까지 근무하던 때였다.

그날은 하필 내가 친구들과 1박 2일로 여행을 가기로 약속한 날이었다. 여름 휴가철인 7월 말이었고, 신규공무원 교육을 마치고 발령 대기 중이었던 나는 틈새를 이용해 여행을 계획했다. 하지만 인사 신고가 무언지 몰랐던 나는 전화를 걸어온 직원에게 서류만 제출하면 되는지 재차 확인했고, 그도 가볍게 그렇다고 답해주었다.

거기서 사달이 났다. 그 직원이 말한 인사 신고는 필요한 서류제출뿐만 아니라 국장님께서 직접 임명장을 전달해 주는 신고식이었다. 그런 사정을 전혀 몰랐던 나는 일말의 의구심도 갖지 않았고, 서류를 제출한 후 곧바로 여행을 떠나기 위해 만반의 준비를 하고 집을 나섰다. 오랜만의 나들이에 한껏 들뜬 마음으로 파란색 민소매 셔츠에 기하학적인 무늬가 눈에 띄는 흰 바지 차림으로 커다란 꽃 그림이 그려진 보스턴백을 어깨에 걸치고 당당하게 시청 총무과의 문을 열고 들어갔다.

공무원이 된 후 알게 된 사실이지만, 1990년대 초반의 고루하고 보수적인 공무원 조직의 분위기는 그런 차림의 민원인이 찾아와도 눈을 흘기던 시절이었다. 하물며 인사 발령 신고식에 참석할 신입직원의 차림이 그 모양이었으니 총무과는 발칵 뒤집혔다. 내게 연락했던 직원은 담당 계장에게 꾸지람을 들었고, 당황한 나도 어쩔 줄 모르고 서 있었다. 다행히 누군가가 비서실 여직원의 유니폼을 빌려 입으라는 아이디어를 냈고, 체형이 비슷했던 비서의 옷을 입고 무사히 신고식에 입장할 수 있었다.

한바탕 소동이 끝나고 발령받은 부서로 가야 했다. 내가 일하게 될 사무실은 별관에 있어서 빌려 입었던 비서의 유니폼은 돌려주고 원래의 옷으로 갈아입은 후 그곳으로 갔다. 퇴근 준비를 하던 직원들은 기막힌 표정으로 나를 힐끗거렸고, 자포자기했던 나는 당당히 웃으며 인사를 마쳤다. 첫날의 자유분방한 나의 옷차림과 커다란 꽃가방은 그렇게 강한 인상을 남겼고, 시작부터 선배 언니들에게 미운 오리 새끼가 되고 말았던 끔찍한 실수였다. 기다리던 발령보다 친구들과 놀러 가는 일이 더 좋았던 철없는 시절의 흑역사이다.

꽃과 나의 이야기 중 하이라이트는 다음의 사건이다. 우여곡절을 겪으며 신규 발령을 받아 직장 생활을 시작한 지 두어 달이 지난 수습 기간 중의 일이다. 군부정권 말기에 교육이라는 명분으로 공무원을 통제하려던 시기였고, 그날은 여직원 대상 교육이 있었다.

교육 강사는 내가 근무하는 시청의 모 국장이었다. 우리는 모두 정해진 시간에 강당에 모여 제목만 들어도 무시무시한 특별 정신교육을 받아야 했다.

"여러분들은 사무실의 꽃입니다. 여러분들이 잘해야 사무실의 분위기가 좋아집니다."

그 국장이 나쁜 의도로 꽃을 들먹인 것은 아니었을 것이다. 다만 지금의 언어로 보면 성性 인지력이 떨어지는 구세대의 발언이라고 생각하면 되겠다. 국장은 교육 끄트머리에 일반적인 절차대로 질문이 있느냐고 물었고, 나는 망설임 없이 손을 들었다.

"우리는 꽃이 아닙니다. 이곳은 누구나 동등하게 일하는 직장입니다. 왜 여직원들이 사무실의 분위기를 맞추는 일까지 해야 합니까?"

그 정도의 질문이 아닌 항의를 했던 것 같다. 일순간 강당의 분위기는 얼어붙었고, 여기저기서 웅성거리기 시작했다. 국장의 답변이 있었는지는 기억나지 않는다. 다만 교육이 급하게 마무리된 후, 주변에 있던 몇몇 선배 언니들이 나를 응원해 주었던 것 같다.

그러나 잠시 후 총무과 직원들에게 둘러싸여 담당 서무계장 앞에 섰을 땐 내 옆에 아무도 없었다. 그분은 한참을 추궁하듯 나무라셨다. 하지만 나는 도저히 이해할 수 없는 교육 내용에 대해 질문한 것이었을 뿐, 그 질문이 이렇게 큰 파장을 불러일으킬 줄은 생각지도 못했다.

내가 서무계장의 질책을 들은 후 사무실로 돌아오니 이미 소식을 접한 우리 부서의 계장들이 한마디씩 농담을 던졌다. 그러나 나무라는 사람은 없었고, 다만 아직도 '시보'인데 조심하라는 걱정의 말씀을 해주셨다.

신규공무원은 정식공무원으로 임명되기 전 6개월간 시보라고 부르는 수습 기간을 거친다. 이 기간에 불미스러운 일이 생기거나 사고를 치면 바로 해고될 수도 있다. 하지만 숨겼던 불온사상이 탄로난 것도 아니고, 난동을 부려 품위를 손상한 것도 아니니 해고될 일은 아니었지만, 상명하복에 익숙한 조직에서 흔치 않은 일이 일어난 것은 분명해 보였다.

그 일이 그것으로 종결된 것은 아니었다. 다음 날 아침, 과장님께서 나를 불러 전날 교육 강사였던 국장님을 뵈러 가자고 말씀하셨다. 그 자리에서 과장님은 나를 대신해 사과하셨고, 국장님은 미적지근 받아주셨다. 당신 딸과 이야기했고 잘못된 표현이라고 하더라며, 기어이 자신의 의도를 한 번 더 설명하셨다. 나는 아무 말도 하지 않았고, 그저 과장님께 죄송한 마음뿐이었다. 정년퇴직이 얼마 남지 않았던 과장님께서 나를 대신하여 사과하는 모습에 말할 수 없이 죄송했고, 또한 감사했다.

국장실에서 나온 후, 과장님께 머리를 숙이며 죄송한 마음으로 감사의 인사를 드렸더니 쿨하게 웃으셨다. 원인 모를 눈물을 글썽이던 나의 어깨를 토닥이고 돌아서시던 과장님의 듬직한 뒷모습이 큰 언덕 같아 보였다. 직장 생활 초반에 조직 사회의 권위주의적인 위계질서에 대해 알게 된 불행한 사건이었지만, 개인적으로는 그 과장님처럼 후배들을 감싸주고 지지해 주는 듬직한 선배가 되어야겠다는 교훈을 새기며 훈훈하게 마무리되었다.

그때의 나는 어렸고 천방지축으로 세상 물정을 몰랐으며 한편으론 정의를 외치던 젊은 세대였다. 그 일을 계기로 시청 안에서 여직원을 대하는 인식이나 태도가 조금은 바뀌었기를, 나의 행동이 세상의 변화에 작게나마 기여했기를 바랐다. 이제 나도 나이가 들었고 젊은 후배들에게 '라떼' 운운하는 구세대가 되었지만, 그 시절의 젊은 나를 회상하며 혼자 웃음을 짓는다.

리스본의 골목길을 걷다가 집집마다 장식된 예쁜 꽃들을 보며 잊고 있던 오래전의 일들이 떠오른 것은 은퇴한 자의 여유라고 생각해 본다. 그 사건 이후 나는 꽃을 싫어하는 사람으로 낙인찍혔다. 물론 그때의 일을 기억하는 사람들이 던지는 농담이다. 나도 누군가에게는 '꽃'이 되고 싶었던, 젊은 날의 아련한 추억이다.

리스본을 바라보는
현명한 방법

'눈부시게 아름다운 경치를 내려다볼 수 있는 전망대가 쭉 늘어선 일곱 언덕 위로, 들쭉날쭉 튀어나온 다채로운 건물들이 여기저기 흩어져 리스본이라는 도시를 이룬다.'

포르투갈이 사랑하는 세계적 작가 페르난두 페소아Fernando António Nogueira Pessoa가 1925년에 쓴 리스본 여행서Lisbon: What the Tourist Should See 첫 장에 남긴 말이다. 참고로, 이 책은 국내에 〈페소아의 리스본〉이라는 제목으로 번역 출간되었다.

리스본의 유명한 건축물들은 페소아가 여행서를 썼던 1925년 당시와 거의 비슷한 모습으로 보존되고 있다고 한다. 켜켜이 세월을 얹어 오래되었지만 전통을 이어가며 리스본이라는 도시의 매력을 더하고 있다.

파리의 에펠탑, 런던의 빅벤처럼 유럽의 유명한 도시들을 이야기할 때 우리는 그 도시를 대표하는 랜드마크를 떠올리게 된다. 하지만 리스본에는 이처럼 뚜렷하게 언급할 랜드마크가 있지는 않다.

그렇다고 섭섭해할 필요는 없다. 페소아의 말처럼 언덕 위 전망대에서 바라보는 리스본의 파노라마 전경은 가히 압도적이어서 도시 전체가 주는 감성으로 리스본을 확실히 기억하게 된다. 굳이 리스본의 랜드마크를 정해야 한다면 미라도우루Miradouro라고 하면 되겠다. 포르투갈어로 미라도우루는 전망대를 뜻하는 말이다.

천천히 언덕길을 따라 걷다 보면 곳곳에서 아름다운 경치를 품은 전망대를 만날 수 있다. 언덕 위 전망대에 올라서면 눈앞을 가리는 높은 건물이 없다. 전망대가 서 있는 위치에 따라 조금씩 다른 방향으로 리스본의 전경을 즐길 수 있어 드론을 띄우지 않아도 도시 전체의 아름다운 모습을 호사롭게 누릴 수 있다. 그래서인지 전망대 도장 깨기를 하는 여행자들도 많다. 해 뜨는 아침과 해 질 무렵의 풍경, 밤에 다시 변신하는 리스본의 모습을 모두 즐기고 싶다면 전망대에 앉아 있기만 하면 된다.

둘째 날 아침에도 우리는 숙소 근처 작은 가게에서 에스프레소를 마시고 동네 산책에 나섰다. 이번에는 전날과 반대 방향으로 골목길을 따라 걸었다. 이어지는 좁은 길이 다시 나뉘는 곳에서 오르막길을 따라 걷다 보니 갑자기 우리 앞에 뻥 뚫린 하늘이 나타났다. 산타 카타리나 전망대Miradouro de Santa Catarina가 숙소에서 걸어서 5분 거리에 있었다. 다시 한번 말하지만, 우리 숙소의 위치는 탁월했다.

이른 아침의 산타 카타리나 전망대에는 우리처럼 들뜬 여행자들이 모여들어 넓게 펼쳐놓은 듯한 도시의 풍경을 즐기고 있었다. 눈부신 햇살과 시원한 바람을 맞으며 눈과 카메라에 리스본을 담느라 여념이 없었다.

멀리 강 건너로 브라질 리우데자네이루의 예수상에서 영감을 받아 만들었다는 '가톨릭 구세주상Santuário de Cristo Rei'이 보이고, 그 아래로 리스본과 알마다 지역을 연결하는 '4월 25일 다리Ponte 25 de Abril'가 곧게 뻗어있다. 샌프란시스코의 금문교를 닮은 이 다리는 살라자르 독재 정권을 무너뜨리고 리스본의 봄을 이룬 '카네이션 혁명'을 기념하여 세워졌다고 한다. 산타 카타리나 전망대에서 가장 잘 볼 수 있는 경치이다.

'YES, LIFE IS GOOD.'

전망대 앞집 굴뚝에 무심하게 쓰여 있는 이 문장이 진리이다. 삶이 우리를 속일지라도, 지금 이 순간 우리 앞에 펼쳐진 황홀한 전경을 바라보고 있노라면 한 번 살아볼 만한 세상이라고 인정할 수밖에 없다.

센스 있는 집주인이 새겨놓은 글귀인가 했더니 리스본 여기저기에 같은 글이 쓰여 있다고 한다. 이것 또한 그라피티 프로젝트에 의한 것 같은데, 누가 어떻게 만든 것이건 이곳을 찾는 많은 사람에게 깊은 공감을 불러일으키며 리스본을 더욱 사랑하게 만드는 작품이다.

이날부터 우리는 산타 카타리나 전망대를 앞마당처럼 드나들었고, 전망대 펜스에 기대어 붉게 물드는 저녁놀을 바라보는 것으로 하루를 마무리하곤 했다. 그리고 여행지에서 만난 친구들이 리스본에 도착한 날엔 야경을 보며 환영의 축배를 들었고, 바로 옆 루프탑 바에서 랄프와 둘이 칵테일을 마시며 우리의 여행과 미래를 이야기했고, 전망대 키오스크에서 혼자 커피를 마시며 나만의 감성에 젖어 보기도 했다.

이후 우리의 '걸어서 리스본 속으로' 떠난 여행의 영역이 넓어지면서 상 페드루 드 알칸타라 전망대 Miradouro de São Pedro de Alcântara, 포르타스 두 솔 전망대 Miradouro das Portas do Sol, 산타 루치아 전망대 Miradouro de Santa Luzia, 상 조르즈 성의 카스텔루 드 상 조르즈 전망대 Miradouro do Castelo de São Jorge를 찾았다. 언덕길을 따라 올라가면 아름다운 리스본을 품은 전망대가 어디에나 있다.

이렇게 탁 트인 전경을 어디서나 볼 수 있는 이 도시에선 우울할 새가 없을 것 같다. 그래서인지 리스본의 자살 사망률은 2020년 기준으로 인구 10만 명당 7.09명으로 포르투갈 전체 11.52명(2021년 기준)이나 우리나라 서울의 23.0명(2023년 기준)과 비교해 확실히 낮은 수치이다. 가까운 전망대에 올라가면 가슴이 뻥 뚫리며 잠시나마 걱정과 시름을 잊을 수 있고, 아름다운 도시의 전경을 보고 있노라면 다시 살아볼 용기가 생겨나지 않았을까.

곳곳의 전망대와 마찬가지로 대표적인 유적지의 루프탑에 올라

판테온이 보이는 전망

가면 시원한 리스본의 전망을 즐길 수도 있다. 다만 이곳들은 입장권을 구매해야 하지만 포르투갈의 역사를 간직한 유적지의 내부를 둘러보고 아름다운 전망도 즐길 수 있으니 일거양득이다.

우리는 리스보아 카드를 이용하여 이런 곳들을 알뜰하게 돌아보았다. 시간적인 여유가 없는 여행객이라면 리스보아 카드로 대중교통과 대표적인 유적지를 연결하여 여행을 계획하면 더욱 효율적으로 이용할 수 있다.

알파마 지구에 있는 국립 판테온Panteão Nacional은 리스본을 검색하면 보이는 사진들 속에 어김없이 등장하는 하얀색 돔 건물이다. 알

국립 판테온

파마 지구에 위치한 이곳은 바로크 양식의 웅장한 외관과 십자형의 독특한 내부 구조를 이루고 있다. 바닥부터 천장까지 다양한 색상의 대리석 장식이 고풍스러운 분위기를 연출하며 우리를 압도하는 듯했다. 입장료는 6유로인데 리스보아 카드로 무료 입장할 수 있다.

판테온은 건축물로서뿐만 아니라 포르투갈의 역사적 위인들이 안치된 장소로도 유명하다. 인도 항로를 개척한 바스쿠 다가마Vasco da Gama, 대항해시대 개척자이며 항해왕으로 불리는 인판테 두 엔리케Infante Dom Henrique와 같은 역사적 인물뿐만 아니라 포르투갈 전통 음악인 파두의 전설 아멜리아 호드리게스Amália Rodrigues와 시인, 스포츠 선수 등 다양한 분야에서 포르투갈을 대표하는 인물들이 잠들어 있다. 다만, 바스쿠 다가마와 엔리케의 무덤은 상징적인 의미로 두었을 뿐 실제 이곳에 묻힌 것은 아니라고 한다.

판테온에도 전망대 역할을 하는 루프탑이 있다. 웅장한 내부의 모습을 천천히 돌아보며 계단을 따라 올라가면 야외 전망을 즐길 수 있는 테라스가 나온다. 돔 주변을 둘러싼 루프탑 테라스는 리스본의 역사적인 알파마 지구와 테주강Rio Tejo을 포함한 도시 전경을 360도 파노라마로 감상할 수 있는 뷰 맛집이다. 테라스 난간에 서서 테주강에 정박한 크루즈선들에서 여행자들이 오가는 모습을 보고 있으니, 떠나와 있으면서도 또 다른 여행을 꿈꾸게 된다.

테주강은 스페인에서 출발해 리스본을 거쳐 대서양에 이르는 길이 1,007km의 긴 강이다. 이곳에는 큰 규모의 크루즈선들이 수시로

아우구스타 스트리트 아치와 코메르시우 광장

드나들고 있다. 바다도 아닌 강에 대형 크루즈선들이 줄지어 있는 모습이 낯설기도 하지만, 대항해시대를 이끈 탐험가들이 이 강에서 출발해 넓은 바다로 나아갔다고 하니 강의 규모가 짐작된다.

프랑스의 개선문을 닮은 아우구스타 스트리트 아치Arco da Rua Augusta는 코메르시우 광장Praça do Comércio과 아우구스타 거리Rua Augusta를 연결하는 아치형 문이다. 이 개선문은 단순한 건축물을 넘어, 포르투갈의 역사와 문화를 상징하는 기념비적인 장소로 많은 관광객들이 찾는 곳이다. 개선문 위에는 국가의 영광과 재건의 메시지를 담고 있는 신화적인 모습의 조각상과 포르투갈 역사 속 중요한 인물들의 조각상이 차례로 배치되어 있다.

내부의 엘리베이터와 나선형 계단을 통해 루프탑에 올라가면 넓은 코메르시우 광장을 오가는 사람들과 테주강에 떠 있는 유람선들을 한눈에 바라볼 수 있다. 코메르시우 광장의 삼면은 개선문을 비롯한 역사적인 건물들에 둘러싸여 있고, 개선문 위에서 바라보면 환히 열린 남쪽으로 광장이 보이고 그 뒤로 테주강이 유유히 흐르고 있다. 광장 한가운데 서 있는 청동 기마상의 주인공은 주제 1세Dom José I이다. 리스본 대지진 이후 도시 재건을 이끈 지도자였던 주제 1세를 기념하는 상징물이라고 한다. 우리가 갔을 때 개선문의 입장료가 4유로였고, 전날 사용한 리스보아 카드의 자투리 시간에 들러 무료로 이용했다.

발견기념비

　벨렝 지구에 있는 발견기념비Padrão dos Descobrimentos는 항해왕 엔리케를 중심으로 15~16세기 대항해시대를 이끌었던 탐험가와 지도 제작자, 과학자, 예술가 등 주요 인물들을 기리기 위해 세워졌다. 지도와 작은 배를 들고 맨 앞에 서 있는 사람이 엔리케이고, 인도 항로를 개척한 바스쿠 다가마가 좌측으로 뒤를 잇고 있다.

　기념비 내부에는 대항해시대 관련 전시 공간이 있어 포르투갈의 탐험 역사와 지도 제작 기술 등을 소개하고 있는데, 엘리베이터를 이용하여 전망대에 올라갈 수 있다. 이곳에 올라가면 4월 25일 다리가 눈앞에 있고, 벨렝 타워Torre de Belém와 제로니무스 수도원Mosteiro dos Jerónimos 등 벨렝 지구의 전경을 즐길 수 있다. 리스보아 카드로 무료 입장할 수 있다.

도시의 전통은
길을 따라 흐른다

    리스본에서 가장 오래된 동네인 알파마 지구는 중세 시대부터 이어져 온 무어인의 전통과 고유한 포르투갈의 분위기가 어우러진 곳이다. 좁은 골목과 돌계단이 미로처럼 이어지는 알파마의 안길로 들어가면 오래된 주택과 낡은 건물들이 촘촘히 줄지어 리스본의 역사를 보여준다.

    우리가 묵었던 숙소에서 알파마 지구까지는 걸어서 30분 정도 걸렸다. 도중에 타임아웃 마켓이나 동네 카페에서 커피를 마시기도 해서 정확하지는 않지만 대략 그 정도의 체감 시간이 걸렸고, 우리는 매번 다른 길을 선택해 알파마 지구로 갔다.

    처음 그곳으로 갔던 날은 알파마의 가장 높은 언덕이라고 할 수 있는 상 조르즈 성Castelo de São Jorge까지 올라가 보기로 하고 언덕길을 따라 열심히 걸었다. 길목에 들어서자 알록달록한 그라피티 벽화들과 아줄레주로 장식한 집들이 주인의 취향을 뽐내는 듯 눈길을 끌

인어아가씨와 기타 치는 사람이 그려진 벽화

었다.

　알파마 지구는 리스본의 거리 예술이라고 불리는 그라피티가 유명한 곳이다. 관광객들이 바쁘게 오르내리는 돌계단 옆으로 인어아가씨가 벽화 속에 다소곳하게 서 있었다. 한 마리의 물고기와 마주 서 있는 인어의 모습은 닫힌 철제 창살과 대조를 이루며 버려진 듯한 공간을 신비롭게 되살리고 있었다. 갑자기 도심에 나타난 인어의 모습이 흥미로워 알파마와의 관련성을 찾아보려 했지만, 과거에 어부와 해양 노동자들이 많이 거주하던 지역이다 보니 바다에 관한 상상이 만든 그림일 뿐 기대했던 전설 이야기는 찾을 수 없었다.

　인어아가씨 뒤로는 기타를 연주하는 사람과 도시의 풍경이 그려져 있다. 포르투갈의 전통음악인 파두Fado를 생각나게 하는 그림이다. 알파마가 발상지인 파두는 그리움과 삶의 애환을 노래하는 감성적이고 서정적인 멜로디가 특징이다. 리스본의 골목길을 걷다 보면 어디선가 들려오는 구슬픈 음악 소리에 걸음을 멈추게 된다. 분명히 파두의 음률일 것이다.
　대항해시대를 지나며 먼바다로 떠난 사람에 대한 기다림과 그리움, 그리고 이별로 이어지는 감성이 파두의 깊은 정서가 되었다고 한다. 초기에는 도시 하층민의 정서를 반영하는 음악 장르였지만, 점차 예술적 가치가 인정되어 중산층과 귀족들까지 즐기게 되면서 국가적인 예술 장르로 자리 잡았다고 한다.

국립 판테온에 포르투갈 파두의 전설 아멜리아 호드리게스가 안장된 것을 보면 포르투갈에서 파두의 위치를 확인할 수 있다. 파두는 유네스코 인류무형문화유산으로 등재되어 포르투갈만이 아니라 세계적인 문화유산으로 인정받고 있다. 알파마 지구와 리스본 곳곳에는 늦은 저녁 시간에 식사와 함께 파두 음악을 즐길 수 있는 레스토랑들이 많이 있다.

우리는 인어아가씨 벽화를 지나 나무 아래 벤치에서 잠시 숨을 돌린 후 좁은 골목길을 따라 다시 걸었다. 그 길이 어디로 연결되는지 정확히 알 수는 없었지만, 언덕을 따라 올라가다 보면 가장 높은 곳에 있는 상 조르즈 성에 도착할 것이라고 믿었다. 그래서 애매하게 길이 갈릴 때마다 높이 올라가는 오르막길을 따라 걸었다.

잠시 후 가장 높은 곳에 있는 골목에 다다르니 하얀 담이 인상적인 집들이 줄지어 서 있고, 그 집들 사이 좁은 틈새로 도시의 전망이 한눈에 들어왔다. 가파른 언덕길을 오르며 이마에 땀이 송골송골 맺혔지만, 담장 사이로 보이는 리스본의 풍경이 내 것이 된 듯 뿌듯한 순간이었다. 우리는 아무도 없는 조용한 골목길에서 아줄레주와 그라피티를 즐기며 알파마를 정복한 성취감을 누렸다.

대부분 관광객이 트램이나 툭툭이를 타고 상 조르즈 성에 오르지만 내려올 때만이라도 골목길을 걸으며 알파마 지구의 속살을 경험하면 좋겠다는 생각이다. 좁고 복잡한 길에서 자칫 길을 잃기 쉽다고 걱정하는 사람들도 있지만, 오래된 도시의 흔적을 따라가다 한두 번 길을 잃더라도 더 많은 것을 경험할 수 있는 시간이 될 것이다.

리스본의 대표적인 역사 유적지인 상 조르즈 성은 알파마 지구의 가장 높은 언덕에 있어 리스본의 여러 전망대 중에서도 가장 인기 있는 곳이다. 1755년 리스본 대지진으로 큰 피해를 보았지만, 20세기에 들어와 복원 작업을 거쳐 리스본 최고의 명소로 재탄생한 곳이다.

우리가 처음 알파마 지구를 걸었던 날은 상 조르즈 성 입구에서 돌아왔고, 이후에도 몇 차례 알파마에 갔지만 성 안으로 들어간 것은 신트라Sintra를 다녀온 다음 날이었다. 전날 신트라행 기차를 타면서 개시한 24시간권의 리스보아 카드에 남아있는 시간을 이용하기 위해 아침 일찍 상 조르즈 성에 올랐다.

그날 아침 28번 트램을 코앞에서 놓친 우리는 이어서 들어온 다른 트램 기사에게 물어보고 그 트램을 이용했다. 트램 기사는 포르타스 두 솔 전망대 근처의 정류장에 이르자 큰 소리로 안내를 해주었고, 그곳에서 내린 우리는 상 조르즈 성으로 올라가는 계단을 따라 걸어 올라갔다. 28번 트램에 비해 조용하고 편안하게 자리에 앉아 좁은 골목길을 내달리는 재미를 만끽할 수 있어서 만족한 트램 여행이었다. 게으른 여행자인 우리가 리스본의 진짜 아침을 즐겼던 날이었다.

드디어 도착한 상 조르즈 성은 조용했던 도심과 달리 표를 사려는 사람들이 입구부터 긴 줄을 잇고 있었다. 하지만 리스보아 카드

상 조르즈 성의 리스본 도심 전망

를 가진 우리는 현장 매표 대기 줄과 구분된 리스보아 카드 전용 줄로 빠르게 들어갈 수 있었다. 이른 아침인데도 성에는 이미 많은 사람이 들어와 평화로운 아침을 즐기며 성벽을 따라 사진 찍기에 여념이 없었다.

상 조르즈 성은 리스본 전망대의 끝판왕이다. 알파마 지구의 가장 높은 언덕에 위치해 있어 성벽과 감시용 초소로 지어진 여러 개의 망루를 따라 리스본 도심을 여러 방향에서 내려다볼 수 있다. 특히 해 질 무렵 노을이 깔리는 붉은 하늘과 테주강을 낀 아름다운 도심을 배경으로 멋진 인생 사진을 남길 수 있어 많은 사람이 저녁 시간에 이곳을 방문한다고 한다.

우리는 아침의 싱그러운 바람이 불어오는 야외카페에 앉아 모닝커피를 마시며 하늘과 바람을 먼저 즐긴 후, 성 탐험에 합류했다. 이 성은 초기 무어인에 의해 지어진 요새였다가 포르투갈 왕국의 중심지가 되었으나, 대지진으로 허물어진 아픔을 겪은 후 지금은 복원되어 관광 명소로 변모한 긴 역사를 가지고 있다. 성 안에는 실제 발굴된 고대 주거지 터가 남아 있어 직접 돌아보며 체험할 수 있고, 작은 박물관에는 성의 역사를 볼 수 있는 유물들이 전시되어 있다.

상 조르즈 성의 또 다른 명물은 공작새들이다. 우리에게는 흔히 볼 수 있는 새가 아닌지라 처음에 두어 마리가 돌아다니는 모습을 보고 신기해서 따라다니며 사진을 찍었다. 그런데 성 내부로 들어가니 족히 수십 마리는 되어 보이는 공작새들이 성벽 위는 물론 지붕 위에서 어슬렁거리며 돌아다니고 있었다.

중세 시대부터 포르투갈 왕실과 귀족들은 우아한 깃털과 자태에 반해 애완용이나 장식용으로 공작새를 키웠는데, 이런 포르투갈의 전통에 따라 상 조르즈 성을 복원하면서 이곳에 공작새를 도입했다고 한다. 따라서 이곳의 공작새들은 자연 서식한 것이 아니라 성의 분위기를 특별하게 만들려는 리스본시의 계획에 따라 옮겨와 살게 된 것이다. 공작새들의 번식력이 뛰어난 것인지, 아니면 성의 서식 환경이 좋은 것인지 알 수 없지만 대가족을 이룬 공작새들이 관광객들에게 특별한 경험을 선물하고 있는 것만은 확실해 보였다.

우리는 이른 아침 시원한 바람을 맞으며 상 조르즈 성을 돌아본 후 다시 도심으로 돌아왔다. 그때 마침 몇 년 전에 퇴직하신 직장 선배에게서 안부 메시지가 날아왔다. 리스본에서 여행자로 지내고 있다고 답을 드렸더니, 아주 오래전 리스본에서 찍은 사진을 보내주셨다. 빛바랜 사진 속에 낯익은 얼굴들이 보였고, 그 시절 누구보다 열정적으로 우리를 이끌었던 선배의 모습이 사진 속에 남아 있었다. 떠나온 직장에 대한 추억이 떠올라, 아주 조금은 그 시절이 그립기도 했다.

멈춰버린
세상

여행은 훌쩍 떠나는 일이다. 기간의 길고 짧음과 상관없이 무거운 현실을 잠시 내려놓고 홀연히 떠나는 여행은 다시 내일을 살아갈 에너지를 준다. 직장을 다니는 동안 무수히도 여행을 계획했었지만, 이런저런 일들이 발목을 잡아 포기했었던 적이 한두 번이 아니었다. '열심히 일한 당신 떠나라'라고 외치던 광고의 카피와 달리 세상은 그리 호락호락하지 않았다.

그뿐만이 아니었다. 지금은 먼 옛날 일인 양 기억도 아득하지만 불과 5년여 전, 전 세계가 함께 겪은 코로나19라는 초유의 사태가 있었다. 그 누구도 예상하지 못했던 일이 우리에게 일어났고, 그로 인해 세상은 단절되고 말았다. 그때 호주의 남자 친구 랄프와 내가 계획했던 여행도 당연히 취소되었고, 그가 있는 호주로 갈 수도, 그가 나에게로 올 수도 없는 상황이 지루하게 이어졌다.

2020년 2월, 나는 우리나라에서 코로나의 대규모 확산이 시작되었던 바로 그 도시에서 공무원으로 일하고 있었다. 누구도 의도하지 않았지만 그 일이 우리 지역에서 먼저 일어났고, 그런 이유로 무수한 질타의 시기를 겪어야 했다. 초유의 감염병 사태에 직면하자 중앙정부에서도 제대로 된 매뉴얼을 내놓지 못했고, 우리 지역은 코로나와 관련된 다양한 실험의 장이 되어야만 했으며, 그렇게 시도한 일들이 표준이 되어 전파되기도 했었다.

코로나의 대유행으로 그동안 추진 중이던 프로젝트는 모두 중단되었고, 대부분 공무원은 감염병 극복에 투입되었다. 알 수 없는 바이러스가 우리에게 어떤 영향을 줄지도 모르면서 그 도시의 공무원이기 때문에 감히 불평하지 못했고 묵묵히 죄인처럼 주어진 임무를 수행해야만 했다.

코로나 환자들을 격리 수용하여 치료하던 시설인 '생활치료센터'가 만들어진 것도 우리 지역에서 처음 있었던 일이었다. 초기 생활치료센터 설치에 참여하게 되었던 나는, 시설을 운영하며 전염병에 걸린 환자들을 돌보는 일을 담당하게 되었다. 그 업무에 파견된 공무원과 의료진들도 함께 시설에 머물며 새벽부터 밤늦게까지 고강도의 근무가 이어졌고, 숙소로 돌아간 한밤중에도 환자들의 민원을 처리해야만 했다.

최초의 집단 감염 환자들과 가장 가까이 있었지만, 두려움보다는 여전히 믿기지 않는 초유의 상황이 빨리 끝나주기를 간절히 바랐던 때였다. 그래서인지 누군가가 생활치료센터에서 근무하던 나를 보고 우리 시청의 홈페이지에 칭찬 글을 남겨주기도 했었다. 어느 날 사무실에 있던 직원이 걱정의 말과 함께 게시판에 올라온 글을 전달해 주었다. 너나 할 것 없이 열심히 일했고 상황이 빨리 종식되기만을 기원하던 때였으므로 누군가가 좋은 마음으로 우리 모두를 칭찬해 준 것으로 생각한다. 밤낮없이 일했던 의료진과 우리를 돕기 위해 파견된 군인들, 그리고 생활치료센터 운영을 위해 도와준 모든 분이 그 칭찬 글의 주인공이었다.

이후 생활치료센터 근무를 마치고 사무실로 복귀하고 나서도, 나는 또 다른 코로나 업무에 차출되었다. 아침부터 밤늦게까지 세상과 격리되어 온종일 코로나에 매달려 보내야 했다. 길고도 막막한 시간의 연속이었다.

우리나라에서 코로나가 발생하기 전, 랄프와 나는 유럽 여행을 계획했었다. 매년 가족을 만나기 위해 독일을 방문하는 그의 일정에 맞추어 함께 여행을 갈 생각이었고, 조금이라도 저렴한 비행기표와 호텔을 구하기 위해 일찌감치 예매를 해두었다.

이후 중국에서 감염병 소식이 들려왔고, 급기야 내가 사는 도시에서 대규모 확산이 시작되었을 때도 21세기의 첨단의학 기술이 빠르게 진압해 줄 것이라 믿었다. 그러면서 시간이 좀 더 걸리더라도 우리가 여행을 계획한 9월이면 완전히 사라질 것이라 기대했었다.

그러나 사태는 갈수록 심각해졌다. 결국 하늘길이 막혀 항공권은 자동 취소되었고, 취소 불가 조건으로 싸게 예약해 두었던 호텔도 취소되어 전액 환불이 이루어졌다. 이후 랄프와 나는 3년 가까이 오로지 스마트폰 화면을 통해서만 만남을 이어갈 수 있었다. 그 외로운 시간을 오롯이 견딘 덕분에 우리의 시계가 멈추지 않았음에 감사한다.

다시 여행을 다니며, 가끔 그때의 일을 떠올린다. 역사책 속에서나 볼 수 있었던 대규모 감염병이 현재의 우리에게 일어났고, 언제나 계속될 줄 알았던 평범한 일상이 한순간에 멈추어 버린, 총성 없는 전쟁 같은 사건이었다. '사회적 거리 두기'라는 모호한 의미의 신조어를 사용했고, 감염병의 심각성에 따른 단계별 방역 수칙이란 것도 만들어졌다. 의무화된 마스크 착용은 호흡기로 전염되는 질환을 예방하기 위해 필수적인 조치였다. 같은 장소에 모일 수 있는 인원이 제한되고, 출입명부를 비치하여 기록을 남겨야 했던 일도 감염병의 초기 대응을 위해 필요했던 일이었다. 백신이 개발되어 차례로 접종하면서 코로나는 차츰 잦아들었지만, 백신의 부작용을 호소하는 사람들에 대한 적절한 치료나 보상은 여전히 해결되지 않은 이슈로 남아 있다.

불과 몇 년 전의 일이다. 다시 떠난 여행지에서 만난 사람들은 마치 아무 일도 없었다는 듯 먹고 마시고 떠들며 여행의 즐거움을 만끽한다. 얼마나 다행스러운 일인가 안도하면서도, 그 시절의 기억은 나쁜 꿈처럼 잔영을 남기며 마음 한구석을 불편하게 한다.

리스본에서 삼시 세끼

여행이 주는 즐거움 중의 하나는 그곳의 맛있는 음식을 직접 맛보고 즐길 수 있다는 점이다. 우리는 알뜰한 여행자들이라 미슐랭이 선정한 맛집을 찾아가진 않지만, 현지 사람들이 가는 보통의 식당에서 그들이 먹는 음식을 함께 먹으며 여행의 재미를 만끽한다. 관광객들로 붐비는 큰길을 벗어나 조용한 뒷골목으로 가면 현지인들이 이용하는 도심 속 숨겨진 노포에서 맛있는 음식을 즐길 수 있다.

우리의
세끼 생활

리스본에 머무는 동안 나는 랄프와 삼시 세끼를 야무지게 챙겨 먹었다. 중년의 은퇴자인 우리에게 먹는 즐거움은 포기할 수 없는 권리이고, 건강을 유지하기 위해 지켜야 할 의무이기도 하다. 리스본에 머무는 동안 우리의 식사 패턴을 요약하면, 아침 식사는 숙소에서 빵으로 간단히 먹었고, 점심은 대부분 현지인이 주로 가는 식당에서, 그리고 저녁은 랄프가 만든 샐러드가 주식이 되었다.

우리는 아침에 사과 반쪽씩을 꼭 챙겨 먹었고, 요거트와 치즈를 곁들여 빵과 함께 먹었다. 그리곤 숙소를 나와 근처 카페에서 달달한 디저트와 커피를 마시며 하루를 시작했다. 다행히 우리 둘 다 커피를 좋아해서 모닝커피는 항상 챙겼고, 곁들이는 디저트는 대부분 나타nata였다. 에스프레소와 나타의 조합은 포기할 수 없는 맛이다.

점심은 주로 검소한 랄프가 찾아낸 현지식당을 이용했다. 메뉴는 오늘의 스페셜이나 런치 스페셜로 이름 지어진 세트 메뉴들을 즐겨 먹었다. 주로 구운 생선요리나 소스를 끼얹은 돼지고기 요리 같은 것들이 나왔고, 하우스 와인은 항상 곁들여졌다. 그리고 오후 내내 배부른 여행자의 게으른 발걸음으로 여기저기 돌아다녔다. 그러다가 쉬고 싶으면 야외카페나 바에서 맥주 한두 잔을 마시며 우리와 비슷한 여행자들과 어울리다가 노을이 물드는 저녁 하늘을 바라보며 숙소로 돌아왔다.

저녁 식사는 하루를 보내고 돌아오는 길에 핑고도스Pingo Doce나 콘티넨테Continente 같은 슈퍼마켓에서 사온 각종 채소로 건강한 샐러드를 만들어 먹었다. 랄프가 만든 샐러드가 주식이 된 밥상에 빵과 하몽(햄)이나 치즈가 곁들여졌다. 여기에 어울리는 포스투갈산 와인이 함께하니 최고의 레스토랑에서 먹는 식사에 뒤지지 않았다.

독일인 남자 친구 랄프는 낯선 곳에서 처음 보는 음식을 먹는 일에 주저함이 없다. 어떤 나라에 가든 그곳에 사는 사람들이 맛있게 먹는 음식이라면 이미 검증된 것으로 생각한다. 일단 먹어본 후 입맛에 맞지 않으면 다음부터 안 먹으면 된다는 식으로 간단하게 의사 결정을 한다.

어디에서나 그의 생각과 행동은 변함이 없다. 우리나라에 왔을 때도 서울의 광장시장에서 얼큰한 동태탕에 소주를 마셨고, 빈대떡에 막걸리를 마셨다. 대구의 서문시장에선 서툰 젓가락질로 칼국수를 먹었고, 포장마차에 서서 뜨끈한 국물과 함께 꼬치 어묵을 먹었다. 동태탕은 비주얼 때문인지 약간의 문화충격을 받은 듯 다시 찾지 않았지만, 채소를 많이 사용하는 한식이 건강하다고 생각해서인지 식당에서 내주는 밑반찬은 하나도 빠뜨리지 않고 맛본다.

그에 비해 소심한 나는 그나마 들어본 이름이나 익숙한 재료가 들어간 음식을 선택한다. 그러면서도 요즘은 랄프가 선택한 낯선 음식은 꼭 맛을 본다. 함께 여행하며 그를 통해 현지의 맛을 음미하는 나만의 방식이다.

유감스럽게도 그는 내가 좋아하는 떡볶이와 순대를 그다지 즐기지 않는다. 그리고 나는 독일에 가면 그가 즐겨 먹는 돼지의 간으로 만든 소시지Leberwurst를 먹지 않는다. 취향의 차이일 뿐 우리의 세끼 생활에는 아무런 문제가 없다.

리스본에 머무는 동안 현지의 제철 음식으로 삼시 세끼를 잘 챙겨 먹은 덕분에 건강하게 여행을 즐길 수 있었다. 무엇보다 랄프가 만들어준 신선한 샐러드 저녁상에서 비타민을 충분히 보충했기 때문인 것 같다. 평소에도 우리는 하루의 마무리로 건강한 그린 샐러드를 즐긴다. 시장이나 마트에서 상추와 오이, 토마토, 파프리카 등 제철의 신선한 채소를 사와 샐러드를 만들어 먹는다.

그가 만드는 건강한 샐러드는 맛도 좋다. 올리브 오일에 발사믹 식초, 레몬즙과 말린 허브 같은 것들을 넣어 만드는 그의 드레싱은 유명 맛집의 비밀 레시피처럼 우리의 저녁을 건강하게 지켜주었다. 거기다 포르투갈은 올리브나무가 자라는 나라다 보니 질 좋고 저렴한 올리브오일을 사치스럽게 사용할 수 있었고, 맛있게 절인 올리브도 실컷 먹을 수 있었다.

랄프는 요리에 관심이 많을 뿐만 아니라 손님을 초대해 직접 만든 요리로 대접하는 것도 좋아한다. 이 분야에 전혀 소질이 없는 내겐 정말 다행스러운 일이다. 그렇다고 내가 손을 놓고 있는 것은 아니다. 셰프가 요리할 수 있도록 채소를 다듬고 썻는 일은 조수인 나의 몫이고, 식사 후 설거지도 나의 일이다.

사실 설거지를 내가 담당하게 된 것은 그의 방식이 불편한 데서 비롯된 일이다. 독일 사람인 그는 싱크대에 물을 받아 한두 방울의 세제를 풀고 그릇을 한꺼번에 담근 후 수세미나 솔로 씻는데, 문제는 헹굼에 대해 크게 신경 쓰지 않는다는 점이다. 한 번 정도 슬쩍 헹구고 건조대에 올려 물기를 말리는 것으로 마무리한다. 그들의 문화이고 몸에 밴 절약 정신 때문이라고 생각하지만, 헹굼에 대한 고정관념이 있는 내겐 많이 불편했다. 그래서 설거지는 내가 하겠다고 나섰고, 물을 많이 쓴다고 잔소리를 하는 그를 뒤로하고 내 방식대로 밀어붙인다.

"너는 요리 담당, 나는 설거지 담당. 우린 멋진 팀이야!"

이런 말에 설득당할 그가 아니지만 내 맘대로 지껄이며 하던 일을 계속한다. 이제는 그도 포기한 건지 더 이상 잔소리를 하진 않지만, 절약이라는 그의 말을 허투루 들을 수 없어 물뿐만 아니라 매사에 절약하려고 노력하는 중이다.

"함께 해줘서 고마워!"

앞으로의 시간에 대해 걱정이 전혀 없는 것은 아니다. 그러나 든든히 곁을 지켜주는 한 남자가 있고, 용감하게 스스로를 해방시킨 나 자신이 있다.

맛집을 찾는
우리의 방식

'오늘 점심으로 뭐 먹지?'는 직장인들의 행복한 고민거리이다. 우리 때는 모두의 고민을 떠맡아 메뉴를 정하고 식당을 예약하는 일은 대부분 부서 내 막내 직원의 몫이었다. 더 이상 아이디어가 없는 올드보이보다 젊은 그들의 참신한 메뉴에 기대를 걸었고, 그렇게 선정한 맛집을 즐기며 하루의 중간에서 에너지를 충전할 수 있었다. 스트레스를 받았을 직장의 모든 막내들에게는 미안하지만, 덕분에 즐거웠다.

직장 생활을 하는 동안 한 시간의 점심시간은 늘 아쉬웠다. 그래서 더 알차게 보냈던 것 같기도 하다. 바빠도 점심시간만큼은 외부로 나가서 맛있는 식사와 대화로 스트레스를 풀었고, 가끔은 구내식당에서 간단히 챙겨 먹고 불 꺼진 사무실에 앉아 망중한을 즐기기도 했었다. 코로나 팬데믹으로 함께 모여 밥을 먹을 수 없었던 시절에도 직장인의 점심시간은 이어졌고, 사무실로 배달되어 온 여러 종류의 도시락들과 함께 고달팠던 그 시간을 버텨냈다. 퇴직을 준비하면서도 동료들과 함께한 점심시간이 그리울 것 같단 생각이 들어 혼자 웃었다.

지금도 간간이 함께 일했던 동료들과 점심을 먹는다. 직장인의 점심시간은 늘 빠듯하여 밥을 먹고 난 뒤에 차라도 한잔할라치면 어느새 헤어질 시간이다. 결국 커피를 테이크아웃으로 사 들고 가기도 한다. 나도 그땐 그랬지. 5분만 늦어도 눈치를 살피며 자리로 조용히 기어들어 가던 일도 이제는 추억이 되었다.

여행이 주는 즐거움 중의 하나는 그곳의 맛있는 음식을 직접 맛보고 즐길 수 있다는 점이다. 우리는 알뜰한 여행자들이라 미슐랭이 선정한 맛집을 찾아가진 않지만, 현지 사람들이 가는 보통의 식당에서 그들이 먹는 음식을 함께 먹으며 여행의 재미를 만끽한다.

여행지에서 식당을 찾아가는 우리의 방식은 먼저 관광객들로 붐비는 큰길을 벗어나 조용한 뒷골목으로 간다. 그런 곳에는 보통 현지인들이 이용하는 식당이 있게 마련이다. 이미 알려진 곳들은 복잡하고 비싸기만 할 뿐이라는 편견을 가진 검소한 독일 남자가 늘 앞장선다. 가끔은 경제관념이 부족한 한국 여자의 작은 허영을 받아주기도 하지만, 우겨서 다녀온 곳들이 석연찮을 때가 많다 보니 그의 방식이 안전하고 편안한 것 같다. 슬슬 그를 닮아가고 있다.

리스본에서의 첫날, 우리가 찾았던 점심 밥집은 주변의 공사 현장에서 일하는 노동자들이 식사하고 있던, 찐 로컬식당이었다. 페인트로 얼룩진 청바지와 형광색 안전조끼를 입은 사람들 여러 명이 식사하고 있어 공사장 함바집 같아 보였다.

무엇을 먹어야 할지 고민하다가 친절하지만 영어가 전혀 통하지 않는 직원에게 옆에서 먹고 있는 음식을 가리켰다. 그 직원은 메뉴판에서 우리가 가리킨 음식의 이름을 짚어주었다. 역시나 포르투갈어로 적혀 있었지만 사르디냐Sardinha와 바칼라우Bacalhau 정도는 추정할 수 있었고, 그렇게 우리는 먼저 온 손님들이 먹고 있는 음식을 주문했다. 리스본에서의 첫 외식이었고 나로서는 태어나서 처음으로 포르투갈 음식을 맛보는 순간이라 걱정과 기대가 교차하기도 했다.

리스본의 뒷골목 식당에서 우리가 즐겨 먹은 음식은 포르투갈의 국민 음식이라고 하는 사르디냐와 바칼라우 같은 생선요리이다. 대서양에 접한 포르투갈은 유럽연합 국가 중에서 생선 소비가 가장 많은 나라로 꼽힐 만큼 생선 사랑이 남다른 나라다. 포르투갈에서는 여러 종류의 신선한 생선들이 잡히지만, 대표적인 어종이 사르디냐라고 불리는 정어리Sardine이다. 한 해 어획량이 6만 톤 이상이고 전체 어획량의 2/3를 차지할 정도라고 하니 포르투갈 어디에서나 볼 수 있는 흔한 생선이다.

사르디냐는 포르투갈의 국민 음식이다. 리스본에서 사르디냐 축제가 열리는 6월의 사르디냐가 지방이 많아 가장 풍미가 좋고, 이때

사르디냐 요리

부터 대략 8~9월까지 신선한 사르디냐를 먹을 수 있다고 한다. 우리가 갔던 10월 초순은 이미 끝물이긴 했지만, 다행히 몇 곳의 식당에서 신선한 사르디냐를 맛볼 수 있었다.

보통 사르디냐 요리는 숯불이나 그릴에 구워서 감자와 같이 나온다. 바싹하게 익은 생선 껍질과 촉촉한 속살의 고소한 맛이 매력적이다. 생선을 좋아하지 않는 사람이라도 금방 구워 기름이 잘잘 흐르는 정어리를 맛보면 쉽게 멈추지 못할 것이다. 감자나 빵과 함께 먹으면 든든한 한 끼 식사로 손색이 없다. 생선을 좋아하는 랄프는 세밀하게 생선 가시를 발라 큰 토막을 내 접시에 얹어 주고, 마지막 한 점도 놓치지 않으려는 듯 양손으로 잡고 깔끔하게 발라 먹는 진정한 고수다.

리스본 시내를 걷다 보면 거리 곳곳에서 포르투갈 사람들의 사르디냐 사랑을 목격할 수 있다. 국민 음식답게 사르디냐를 사시사철 즐기기 위해 통조림으로 만들어 팔고 있는데, 놀이공원처럼 화려하게 꾸민 공간에 알록달록한 통조림들을 전시해 놓은 상점들이 관광객을 유혹한다. 전문 판매장의 사르디냐 통조림은 디자인도 특별하다. 와인의 빈티지를 흉내 낸 듯 해마다 그 해의 통조림을 만들어 매장 전체에 진열한 곳이 있는가 하면, 리스본 명소의 이미지를 입힌 통조림들은 선물이나 기념품으로도 손색이 없다.

올리브유에 절여 만드는 사르디냐 통조림은 안에 든 생선과 올리브유의 등급에 의해 가격이 결정된다고 한다. 손바닥만 한 크기의 작은 통조림이 30유로가 넘는 것을 보고 깜짝 놀랐다. 이런 매장에서 통조림을 한가득 사 들고 가는 관광객들을 많이 볼 수 있다. 국민 먹거리인 사르디냐가 통조림으로 변신하여 리스본을 대표하는 관광기념품이 된 것이다.

슈퍼마켓에도 다양한 소스를 품은 통조림들이 판매되고 있다. 알뜰한 랄프는 통조림 전문점에서 아름다운 캔의 유혹에 흔들리는 나를 단호하게 끌고 슈퍼마켓으로 데려갔다. 그곳에서 우리는 마케팅에 물들지 않은 저렴한 정어리 통조림을 찾았고, 통조림에 그려진 토마토나 고추 그림으로 맛을 상상하며 몇 개를 구입했다.

리스본 여행 시기가 신선한 정어리를 먹을 수 있는 제철이 아니라면 통조림으로 아쉬움을 대신해도 되겠다. 우리에게 익숙한 꽁치

슈퍼마켓에서 산 사르디냐 통조림

통조림과 달리 올리브 오일에 토마토와 함께 절인 정어리는 빵에 올려 먹으면 맛이 그만이다. 그냥 먹어도 비린 맛이 거의 없어 와인과도 잘 어울린다. 뚜껑만 열면 되니 편리하고, 신선한 사르디냐를 놓친 아쉬움을 충분히 보상받을 수 있는 맛이다.

또 하나의 포르투갈 국민 음식인 바칼라우는 노르웨이나 아이슬란드 같은 북대서양에서 잡힌 대구Codfish를 소금에 절여 살짝 건조한 생선이다. 바칼라우는 요리법이 1천 가지 이상이라는 말이 있을 정도로 집집이 고유한 레시피로 누구나 즐기는 식재료라고 한다. 우리가 먹은 바칼라우 요리만 해도 그릴에 구운 바칼라우, 삶은 계란과 감자를 섞은 바칼라우, 매운탕 같은 비주얼의 바칼라우 수프, 튀

바칼라우 요리

긴 바칼라우 크로켓 등 다양하다. 건조한 생선이기 때문에 일 년 내내 먹을 수 있다는 장점이 있다.

  우리가 리스본의 식당에서 먹은 음식들은 다양한 색감으로 먼저 시선을 빼앗았다. 뒷골목의 허름한 식당에서도 시각적인 아름다움이 가미된 플레이팅으로 입맛을 돋워주었는데 대부분 요리에 함께 나오는 그린 샐러드 덕분이다. 샐러드에 들어간 양상추 같은 초록색 채소와 빨간 토마토, 올리브 등이 조화를 이루며 메인요리와 함께 큰 접시에 나오거나 작은 접시에 따로 담겨 나오기도 한다. 조화로운 음식의 색감 때문에 배가 고파도 스마트폰의 카메라를 먼저 열게 된다.

리스본에서 먹은 음식에 대한 나의 결론은 한국 사람의 입맛에도 잘 맞는다는 점이다. 거부감이 드는 강한 향신료가 없는 데다가 기름에 튀기거나 그릴에 구워 나오는 생선과 고기 요리는 누구나 좋아할 수밖에 없는 맛이다. 메인 메뉴와 함께 신선한 채소로 만든 샐러드가 나오고 밥이 같이 나오는 음식도 많아 타향에서 밥걱정은 하지 않아도 되겠다.

관광지의
숨은 맛집

　리스본 도심을 걷다 보면 수직형의 철골 구조물인 산타 주스타 엘리베이터Elevador de Santa Justa를 쉽게 발견할 수 있다. 1902년에 세워진 고딕 양식의 철제 엘리베이터로, 언덕의 도시 리스본에서 저지대와 고지대 사이를 연결하는 교통수단으로 만들어졌다고 한다. 지금은 리스본을 여행하는 사람들에게 꼭 봐야 할 명소로 알려져 이 엘리베이터를 타려는 사람들이 항상 긴 줄을 이루고 있다.

　우리는 그곳에서 줄을 서는 대신 옆으로 난 계단으로 걸어서 올라갔다. 100년이 넘은 엘리베이터를 타보는 것도 좋은 경험이겠지만, 내부가 나무로 된 캐빈이고 철제로 둘러싸여 있어 외부 경치를 거의 볼 수 없다는 정보를 들었기 때문에 굳이 좁은 통 속에 끼어 타고 싶지 않았다.

　엘리베이터를 탔거나 혹은 우리처럼 걸어서 올라가면 뒤편으로

산타 주스타 엘리베이터

이어지는 고고학박물관을 볼 수 있다. 이곳은 원래 수도원이었는데 1755년 리스본 대지진으로 붕괴되었고, 처참했던 재난의 상징으로 여전히 폐허 형태로 보존되고 있다. 이 수도원에 설립된 카르무 고고학박물관Museu Arqueológico do Carmo은 수도원의 폐허를 활용하여 다양한 유물을 전시하고 있다.

고고학박물관을 지나 옆길을 따라 올라가면 입이 떡 벌어질 만큼 놀라운 파노라마 뷰를 만날 수 있는데, 그곳이 바로 유명한 드 상 페드루 데 알칸타라 전망대Miradouro de São Pedro de Alcântara이다. 날씨가 좋은 날에 알칸타라 전망대에 서면, 파란 하늘과 흰 구름을 배경으로 상 조르즈 성과 알파마 지구의 전경이 시원하게 펼쳐진 풍경에 장엄하게 흐르는 테주강의 모습이 합쳐져 한 폭의 그림을 보는 듯 비현실적이다. 계단으로 이어진 전망대 아래에는 예쁜 정원이 있는데, 그곳을 걷다 보면 마치 동화 속 작은 궁전에 들어온 것처럼 동심으로 돌아가게 된다. 전망대를 한 바퀴 돌아보며 즐긴 후, 공원의 나무 그늘에 앉아 버스킹을 하는 가수의 노래를 듣고 있노라면 세상의 모든 시름이 사라진다.

시원한 풍경과 다양한 재미가 있는 알칸타라 전망대는 야경이 특별히 아름답다고 알려져 있다. 영화 〈리스본행 야간열차〉에서 주인공이 우연히 얻은 책을 읽고 있는 밤의 공원이 바로 이곳이다. 멀리 상 조르즈 성과 알파마 지구의 노란 불빛이 치명적인 밤의 전망대에 올라 영화 속 장면을 떠올리며 리스본의 밤을 즐겨보자.

알칸타라 전망대 공원

　우리가 이곳에 자주 갔던 이유는 아름다운 전망대뿐만 아니라 뜻밖에 발견한 맛집이 있었기 때문이기도 하다. 우리 스스로 단골이라 생각하며 즐겨 갔었던 이 식당은 알칸타라 전망대 길 건너편 버스정류장 부근에 있다. 리스본의 여러 전망대 중에서도 최고로 꼽히는 알칸타라 전망대를 길 건너편에 두고 있는 이곳은, 원래는 번잡한 관광지 부근의 식당을 기피하는 우리의 선택지에 포함되지 않는다. 지나다니며 봤을 때는 음료수와 스낵을 파는 편의점처럼 보였고, 실제로 관광객들이 수시로 들러 물이나 음료를 구입하곤 했다. 처음에 우리도 알칸타라 전망대에서 놀다가 잠시 쉬며 커피를 마시려고 이곳에 들어갔었다.

그런데 잠깐 앉아 둘러본 식당 안에는 대여섯 개의 테이블이 촘촘히 놓여있고, 런치 스페셜 메뉴가 벽에 붙어있었다. 식당인 줄 모르고 들어갔던 우리가 관심을 두게 된 첫 번째 포인트였다. 이윽고 점심시간이 가까워지자, 현지인으로 보이는 식사 손님들이 차례로 들어와 자리를 잡았다. 직원들과 반갑게 인사를 나눈 손님들이 좁은 테이블을 차지하고 여유롭게 식사를 즐기는 모습을 보며 우리는 이곳에 대해 확신할 수 있었다. 그날 이후, 우리는 런치 스페셜 메뉴와 포르투갈식 디저트를 저렴하게 즐길 수 있는 이곳의 단골이 되었다. 특별한 계획이 없는 날에는 주로 그 식당을 찾아 하우스 와인과 함께 느긋하게 점심을 즐겼다.

이곳에 가면 희끗희끗한 머리를 자연스럽게 빗어 넘긴 로맨스그레이 스타일의 어르신들이 앞치마를 두르고 음식을 나르며 손님을 접대하고 있다. 친절한 미소와 함께 나타난 어르신이 일회용 테이블보를 깔아주며 주문을 받는다. 이런 일회용 테이블보는 리스본 대부분 식당에서 사용하고 있었다. 카운터를 담당하며 매니저급으로 보이는 할아버지는 영어가 능숙해서 의사소통에도 문제가 없었다.

이곳뿐만 아니라 리스본에서 우리가 갔던 식당들은 주로 50~60대를 넘긴 중년의 남자 직원들이 일하는 경우가 많았다. 자그마한 키에 온화한 인상을 가진 중년의 신사들인데, 옆집 아저씨 같은 푸근함을 장착하고 친절하게 손님을 맞고 있었다. 오래 한 곳에서 일한 분들이 전문적인 서비스로 손님을 접대하는 식당들은 많은 단골을 보유하고 있는 것으로 보였다. 물론 음식의 맛과 저렴한 가격은 필수 요소이다. 포르투갈의 식당 문화인지 아니면 젊은이들이 식당 일을 좋아하지 않아서인지는 알 수 없지만, 그분들 덕분에 도심 속 숨겨진 노포에 온 것 같은 푸근함을 느낄 수 있었고, 맛있는 현지의 음식을 푸지게 즐길 수 있었다.

대부분의 유럽 식당처럼 리스본에서도 식당에 가면 입구에서 직원의 안내를 기다려야 한다. 손님을 발견한 직원이 안내해 준 자리에 앉으면 되고, 간혹 원하는 곳에 앉으라고 하면 빈 테이블을 찾아 편하게 자리를 잡으면 된다.

테이블에 앉으면 먼저 빵과 잼, 치즈 같은 것들이 작은 그릇에 담겨 나온다. 이것들은 무료로 제공되는 것이 아니라서 원하지 않으면 그냥 두면 되는데, 나중에 서비스하는 직원이 확인한 후 되가져 간다. 하지만 가격도 저렴하니 식전에 치즈와 잼을 빵과 함께 먹거나 주문한 음식과 함께 먹으면서 부담 없이 현지인처럼 즐겨보는 것도 좋다.

식사를 마치면 입구 계산대로 나가서 비용을 치르는 우리나라와 달리 테이블에 앉아 영수증을 요구하면 된다. 이때 은근히 현지의 팁 문화가 신경 쓰인다. 우리에게 없는 문화이지만, 최근 우리나라 사람들도 해외여행을 많이 나가다 보니 서비스에 대한 감사를 표현하는 방법으로 약간의 팁은 당연하게 받아들이는 추세이다.

리스본의 식당에서 직접적으로 팁을 요구하는 곳은 거의 없어 팁

문화가 없는 것처럼 보이지만 그렇지는 않다. 대부분 현지인은 결제 후 약간의 동전을 팁으로 남기고 나갔다. 여전히 현금이 많이 사용되는 곳이라 대부분 돌려받은 잔돈을 남기고 갔고, 우리도 늘 2유로 정도의 동전을 영수증 접시나 테이블 위에 두고 나왔다.

여행지에서 맛보는 음식들에는 그곳에서 만난 사람들과 그곳의 이야기가 함께 스며있어 감동을 더하고 오래 기억되는 것 같다. 멋진 파인 다이닝은 아니지만 사람들과 어울려 즐기는 소박한 한 끼 식사에서 행복을 쌓아가는 우리는 검소한 여행자들이다.

근교 맛집의
런치 스페셜

　우리는 리스본 근교에서도 맛집을 찾았다. 며칠 동안 번잡한 리스본의 도심을 즐긴 우리는 페리를 타고 낯선 곳으로 가보기로 했다. 전날에 비바람이 몰아쳤던 날씨는 우리가 기대했던 햇살 가득한 리스본의 아침으로 되돌아왔고, 얼른 움직이라며 우리를 재촉했다. 특별히 가보고 싶은 곳이 있었던 것은 아니었다. 언덕 위 전망대에서 테주강을 오가는 페리들을 눈여겨보며 우리도 배를 타고 강 건너 작은 마을로 가보자고 이야기했었다.

　페리 선착장이 있는 카이스 두 소드레Cais do Sodré 역까지는 숙소에서 걸어서 15분 정도 걸렸다. 선착장에 도착하니 마침 10분 뒤에 출발하는 배가 있어 고민 없이 표를 끊고 페리에 올랐다. 햇살을 받아 반짝이는 테주강의 은색 윤슬과 멀어져 가는 리스본의 아름다운 풍경을 배경으로, 신대륙을 찾아 나선 탐험가처럼 미지의 땅에 대한 기대에 부풀어 용감하게 그곳으로 향했다.

그날 우리가 갔던 곳은 리스본 남쪽에 위치한 작은 도시 세이샬 Seixal이다. 리스본에서 페리로 20분 정도 달려 도착한 이곳은 아름다운 강변의 경치와 해양 역사로 유명한 곳이다. 15세기 유럽에서 인도로 가는 해상 항로를 개척했던 바스쿠 다가마가 인도 항해를 위해 배를 건조했던 장소로 알려져 있다.

목적지 없이 선착장에 왔던 우리는 가장 빠른 페리를 선택했을 뿐 이곳에 대해 아는 것이 전혀 없었고, 그나마 배 안에서 이 정도의 정보라도 얻을 수 있었다. 우리의 페리 여행도 골목길 여행처럼 근거 없는 자신감과 함께 막무가내로 실행되었다.

세이샬 선착장에 배가 도착하니 여러 대의 시내버스가 줄지어 들어왔다. 하지만 우리는 그 버스들이 무색하게도 늘 하던 대로 자연스럽게 걸어서 이동했다. 10월의 세이샬은 관광객이 별로 없어서인지 선착장 근처 호텔과 물놀이장으로 보이는 시설은 보수공사 중이었고, 문 열린 레스토랑이나 카페는 한가로워 보였다.

슬슬 배가 고픈 시간이었고, 우리는 먼저 식사부터 하기로 했다. 금강산도 식후경이니까. 강변을 따라 보이는 몇 개의 레스토랑을 지나며 메뉴를 탐색하던 우리는 강바람이 시원한 야외테이블이 놓인 식당에 자리를 잡았다. 잠시 후, 이곳이 동네 맛집인지 반갑게 인사를 나누는 사람들이 차례로 들어왔고, 빈 테이블들은 순식간에 채워졌다. 그 모습에 안심한 우리는 식전 빵을 뜯으며 메뉴 공부를 시작했다.

세이샬에서 우리가 찾은 맛집

　알 수 없는 포르투갈어 메뉴에 스마트폰 번역기를 들이대고 있는 우리에게 직원이 다가와 런치 스페셜을 추천해 주었다. 우리는 친절한 직원이 권해준 대로 바칼라우와 사르디냐가 메인인 런치 스페셜을 주문했다. 옆 테이블에서 혼자 사르디냐를 먹고 있던 아주머니도 우리에게 엄지를 들어 보이며 맛있다고 알려주었다.

　이곳의 런치 스페셜은 우리가 주문한 메인 메뉴를 중심으로 식전에 올리브와 빵이 나왔고, 후식으로 신선한 멜론과 푸딩, 에스프레소까지 포함되어 완벽한 코스메뉴였다. 우리는 추가로 주문한 하우스 와인과 함께 맛있고 푸짐한 점심식사를 즐겼다. 그렇게 두 사람이 먹은 점심값은 와인까지 합쳐 총 25유로였다. 우연히 페리를 타고 나간 리스본 근교에서 가격에 만족하고 맛에 행복했던 최고의 현지식당을 만났다. 이번에도 우리의 여행은 먹을 복이 넘쳐났다.

만족스러운 식사를 마친 우리는 천천히 동네 산책에 나섰다. 아줄레주로 꾸며진 소박한 집들과 골목길의 칼사다 패턴을 구경하며 우리가 만난 포르투갈에 관해 이야기하며 걸었다. 시끌벅적한 리스본의 도심을 거부감 없이 즐겼지만, 한편으론 조용하고 여유로운 시간이 필요했었나 보다. 세이샬을 걷는 동안 우리의 마음은 평화로운 시골에 온 것처럼 편안해졌다.

좁은 골목길을 따라 걷다가 옆 테이블에서 식사했던 아주머니를 다시 만났다. 서로 말은 통하지 않지만, 반가운 이웃을 만난 듯 손을 흔들며 인사를 나누었다. 포르투갈 사람들은 친절하고 다정하다. 그래서 여행도 편안하다.

골목길을 벗어나 길게 이어진 강변을 걷다가 아줄레주로 예쁘게 꾸며진 벤치에 앉아 강바람을 맞았다. 햇살이 반짝이는 테주강과 그 너머로 보이는 아름다운 리스본은 범접할 수 없는 신비의 도시처럼 우리 앞에 있었고, 그 뒤로 느껴지는 웅장한 도시의 아우라는 경외심마저 불러오는 듯했다. 모두가 사랑할 수밖에 없는 도시, 로맨틱 리스본이다.

우리는 오후의 햇살을 받으며 세이샬의 조용한 강변을 즐긴 후, 리스본으로 돌아와 마치 현지인처럼 자연스럽게, 익숙한 도심 속으로 걸어 들어갔다.

술과 해장에 관한
　　우리의 방식

지난 30년간 직장인의 회식 문화도 많이 바뀌었다. 내가 직장 생활을 시작한 1990년대는 군대식 조직문화의 잔재가 직장 내에도 그대로 남아 있던 시기였다. 상사가 주도하는 회식에 감히 빠질 수가 없었고, 1차는 식사와 음주, 2차는 노래방, 3차에 다시 술집으로 이어지는 흐름이 당연한 것으로 여겨졌었다. 이후 세대가 바뀌면서 체육행사나 문화행사를 겸한 회식으로 약간의 변화가 생기긴 했지만, 술과 함께하는 저녁식사는 직장 회식의 룰처럼 지켜졌었다.

누군가에겐 좋았던 추억으로, 누군가에겐 끔찍했던 기억으로 남아 있을 술자리 회식 문화는 코로나19라는 감염병 사태를 계기로 급격하게 변화하였다. 모임 자체가 어려웠던 그 시기에 사람들은 술자리가 아닌 다른 곳에서 즐거움을 찾기 시작했고, '마시고 죽자'는 식의 술 문화는 구시대의 유물로 취급받게 되었다.

이제 옛날을 그리워하는 세대들은 나이가 들어 건강을 챙기며 술을 줄이게 되었고, 젊은 세대들은 퇴근 시간 이후의 회식을 반기지 않는다. 하지만 여전히 적당한 술자리는 관계를 이어주는 매개로서 역할을 하는 것만은 분명해 보인다. 일률적인 회식을 싫어하는 젊은 직원들도 마음 맞는 동료들과 어울리는 일은 마다하지 않고, 편안한 상사에게는 술 한잔 사달라며 먼저 다가오기도 하는 것을 보면 직장인의 관계에서 술을 완전히 배제하긴 어려워 보인다.

리스본의 식당에 가면 먼저 음료를 주문받는다. 이때 원하는 음료를 주문하거나 바로 식사만 주문해도 된다. 우리나라와 달리 물도 무료가 아니라서 따로 주문해야 하는데, 탄산이 든 것Água com gás과 순수한 물Água sem gás이 있으니, 취향대로 주문하면 된다. 우리는 포르투갈어를 모르지만 어쩌다 '콩 가스com gás'를 이해하게 되었고, 재미난 마법의 주문처럼 그 말을 따라 하며 우리의 언어능력을 칭찬하곤 했다.

독일인 랄프는 당연히 맥주를 좋아하고, 와인도 맥주 못지않게 좋아한다. 그리고 나도. 우리는 리스본에 있는 동안 포르투갈의 저렴하고 질 좋은 와인을 마음껏 즐기고 싶었다. 비록 우리가 알뜰한 여행을 추구하는 검소한 여행자 커플이지만, 수준에 맞는 정도의 사치는 마다하지 않는다.

리스본의 식당에서 우리는 주로 하우스 와인을 마셨다. 500ml나 200ml 단위의 투명한 유리병에 담긴 레드와인이나 화이트와인을 판매하는데, 부담 없는 가격으로 음식에 곁들여 마실 수 있다. 물론 잔으로도 나온다. 우리의 점심에는 보통 하우스 와인이 함께했고, 음식이 맛있거나 와인이 훌륭하면 추가 주문을 이어가기도 했다. 여행은 우리를 긴장에서 해방시켜 주었고, 뚜벅이 여행자인 우리는 맛있는 음식과 잘 어울리는 와인을 사랑했다.

저녁에는 슈퍼마켓에서 포르투갈산 와인을 사 들고 숙소로 향했다. 슈퍼마켓에 가면 1병당 5유로 전후의 저렴하면서도 훌륭한 현지의 와인들이 가득 진열되어 있다. 와인을 선택할 때 우리가 주로 이용하는 방법은 와인 평가 앱이다. 이 앱을 통해 와인을 평가했을 때 평점 3.5점 이상(5점 만점) 되는 와인을 고르면 대부분 만족스럽다. 같은 와인이라도 한국에 들어오면 수입산 와인이 되어 가격이 올라가는 것은 당연지사이므로 저렴하고 질 좋은 현지 와인의 찬스를 즐기자는 것이 우리의 원칙이다.

가끔 와인을 들고 숙소 근처 산타 카타리나 전망대에 가서 밤을 즐기기도 했다. 리스본에서 공원이나 전망대 같은 야외에서 술을 마시는 것은 불법이 아니다. 그래서 우리처럼 각자 마실 것들을 들고 나와서 전망대에서 시간을 보내는 사람들이 많았다. 밤의 전망대에는 여행자들뿐만 아니라 현지인들도 많이 나와 각자의 방식대로 시간을 즐겼고, 버스킹을 하는 가수들이 분위기 좋은 노래로 흥을 돋워주었다.

밤거리를 산책하다 보면 전망대뿐만 아니라 작은 술집들이 몰려 있는 거리는 사람들로 넘쳐나 리스본의 밤을 즐기려는 사람들의 충

만한 에너지를 느낄 수 있었다. 밤바람이 싱그러운 10월의 리스본은 어디에서나 어울려 놀기에 부족함이 없었다.

포르투갈 하면 누구나 포트와인Port Wine을 떠올리는데, 17세기 영국 상인들이 포르투갈 와인을 수입하면서 장거리 운송 중에 상하는 것을 방지하기 위해 브랜디를 첨가한 데서 유래되었다고 한다. 일반적인 와인과 다르게 발효 도중에 브랜디를 첨가해서 알코올 도수(19~22%)는 높고, 당분이 남아 달콤한 맛이 특징이다.

술 취향도 닮은 랄프와 나는 단맛이 나는 와인을 즐기지 않지만, 포르투갈에 왔으니 포트와인을 마셔보기로 하고 슈퍼마켓에서 다른 와인에 비해 비싼 포트와인 한 병을 샀다. 역시나 브랜디가 첨가되어 강한 알코올의 묵직한 맛과 진한 단맛이 입안에서 차례로 느껴졌다. 우리는 동시에 '이 와인도 훌륭하군!'이라며 고개를 끄덕였다. 여행을 마치고 돌아갈 때 기념품으로 한 병 정도 들고 가도 좋겠다 싶었지만, 역시 우리의 취향은 아니었다. 우리는 단맛이 없는 드라이한 와인을 더 좋아한다.

술 이야기가 나온 김에 포르투갈에서 유명한 체리 주, 진자Ginja를 빠뜨릴 수 없겠다. 진자는 포르투갈을 대표하는 전통주인데, 리스본과 오비두스 지역에서 주로 마실 수 있다. 우리는 리스본에서 차로 한 시간 정도 걸린다는 오비두스까지 가지는 못했고, 리스본의 로시오 광장Rossio Square 바로 옆의 산 도밍고스 성당Igreja de São

체리가 담긴 진자

Domingos 앞에 있는 진자 바에서 이 술을 맛보았다. 이곳은 1840년에 문을 연 오래된 바인데, 근처에 가면 사람들이 길게 줄을 서 있어 쉽게 찾을 수 있다. 실내 좌석이 없는 작은 스탠딩 바이기 때문에 술을 사서 근처에 서서 마셔야 한다.

이곳에서 진자를 주문하면 검붉은 색의 술이 작은 잔에 담겨 나온다. 우리는 체리가 든 진자를 마셨는데, 원하지 않으면 체리를 빼달라고 하면 된다. 일반 와인에 비해 도수가 높아서 한 모금 마시니 목이 따끔거렸지만 뒷맛은 달콤했다. 추운 겨울날에 몸을 데워주는 용도의 술로 제격일 듯하다. 병째로 사 가는 사람들도 있었지만, 우

포르투갈 맥주와 올리브

리는 맛보기용으로 한 잔씩만 마셨다.

　리스본에서 우리가 자주 갔던 맥줏집이 있다. 알파마 지역을 둘러보고 내려오던 길에 호시우 광장 뒤편 어딘가로 접어들었을 때, 500cc 맥주 한 잔에 2유로라고 적힌 홍보용 입간판을 발견했다. 오래 걸었던 터라 쉬고 싶었고 목도 마르던 차에 내가 랄프의 옆구리를 찌르며 그것을 가리켰다. 그도 역시나 눈이 커지더니 야외테이블에 자리를 잡으라며 나를 남겨둔 채 안으로 들어갔다. 잠시 후에 그는 맥주 두 잔과 올리브가 가득 담긴 그릇을 들고 흐뭇한 표정으로 나타났다. 우리가 좋아하는 올리브 한 그릇에 1유로였다. 우리는 시원한 맥주와 짭짤한 올리브의 절묘한 조합에 감동하며 멋진 곳을 발견한 우리 자신을 칭찬했다. 저렴한 올리브가 넘쳐나는 이곳, 포르투갈이 너무 좋다.

그날 이후 근처에 가는 날이면 어김없이 그곳에서 하루를 마무리했다. 시원한 포르투갈 맥주 두어 잔과 올리브와 간단한 안주로 갈증과 허기를 채우며, 옆 테이블에 앉은 사람들과 자연스럽게 이야기를 주고받곤 했다.

한 번은 크루즈로 리스본에 도착한 미국인 부부를 그곳에서 만났다. 그때가 마침 미국의 대통령 선거를 앞두고 있던 시기였기 때문에 자연스럽게 선거 이야기로 이어졌다. 그들과 마찬가지로 트럼프를 무지하게 싫어하는 랄프가 적극 동조하면서 미국과 세계의 미래를 걱정하는 무거운 주제의 대화가 오갔다. 결론은 여유로운 여행자답게 다 잘될 거라는 말로 서로를 안심시키며 헤어졌지만, 그들과 우리가 우려한 대로 트럼프는 미국의 47대 대통령으로 당선되었다. 이후 미국에서 4년짜리 크루즈 상품이 나왔다는 인터넷 뉴스를 보고 우리끼리 한참을 낄낄거렸고, 랄프는 앞으로 4년 동안 미국 여행은 가지 않겠다고 단호하게 선언했다. 트럼프를 지지하지 않은 하와이는 빼고. 그러거나 말거나, 나도 미국에 별로 관심 없다.

우리는 여행자이면서도 어느새 그곳에 사는 사람처럼 리스본의 하루를 온전히 즐기고 있었다. 그곳에 앉아 오가는 사람들과 이런저런 대화를 나누며 하루를 마무리하는 것이 일상처럼 느껴졌다.

현지 식당 어디에서나 애피타이저로 수프를 주문할 수 있다. 한국인보다 더 국물을 좋아하는 독일인 랄프는 음식을 주문할 때면 항상 수프부터 찾았다. 메뉴판 분류에 'Sopa'라고 적혀 있는 것이 수프다. 보통은 채식 수프인데 소시지가 추가되어 나오기도 했다. 포르투갈 사람들은 소시지를 추가한 수프를 간단한 식사 대용으로 먹는다고 한다.

주로 케일과 비슷한 채소인 콜라드를 넣어 수프를 만드는데 이름은 '칼두 베르드caldo verde'이다. 포르투갈어로 '초록색 국물'이라는 뜻으로 누구나 좋아하는 음식이라고 한다. 야채 수프도 여러 가지여서 식당에 따라 콜라드가 아닌 다른 채소를 넣은 수프나 건더기가 없는 크림 형태의 수프가 나오기도 하는데, 다양한 포르투갈 수프의 맛을 경험할 수 있었다.

조금 싱거운 입맛인 내게 이곳의 야채 수프는 살짝 짠맛이라 평소에는 따로 주문하지 않았다. 그러나 술을 마신 다음 날엔 이 수프가 제격이었다. 짭조름하면서 부드러운 수프의 뜨끈한 기운이 알코올로 쓰린 속을 다스리며 해장국을 대신해 주었다. 술과 해장은 떼려야 뗄 수 없는 사이다.

국물을 찾는 나의 해장 습관이 수프를 불렀고, 역시나 제대로 작

리스본 골목길의 야외식당

동하여 편안한 하루를 열어주는 고마운 음식이 되었다. 이런 수프는 2유로 정도로 먹을 수 있다. 식사를 주문할 때 애피타이저로 수프를 주문하는데, 양이 많지 않은 사람은 맛보기로 한 그릇 정도 주문하여 함께 나누어 먹으며 포르투갈의 맛을 느껴보는 것도 좋을 것 같다.

우리의 음주 생활은 '적당히'와 '즐겁게'를 모토로 한다. 독일인 랄프에게 목마를 때 마시는 맥주 한두 잔은 술이 아니며, 식사에 곁들이는 와인은 음식의 풍미를 끌어올리고 소화를 도와주는 보완제일 뿐이다. 즐겁고 행복하게 마시는 술은 건강에 이롭다는 그의 주장을 믿는다. 가끔은 과하게 달리기도 하지만, 일반적으로 우리의 음주는 그의 절제된 경제생활과 패턴을 같이 하며 즐겁고 적당하게 마시는 것으로 마무리된다.

현지에 가면 현지 음식을 먹으라고들 하지만 입맛에 맞지 않는다면 힘든 일이다. 하지만 리스본에서 맛본 음식은 대부분 한국인이 싫어할 수 없는 맛이다. 심지어 해장에 딱 좋은 야채 수프까지 찾았으니 우리의 리스본 생활이 점점 더 안락해지고 있었다.

리스본의 커피,
그리고 카페

포르투갈어로 카페Café는 커피를 의미하고, 이때의 커피는 에스프레소를 말한다. 커피에 당연하게 우유를 타서 마시는 랄프는 카페라테를 좋아하고, 나는 에스프레소에 뜨거운 물을 추가한 아메리카노를 주로 마신다.

포르투갈에서 카페라테처럼 에스프레소에 우유를 첨가한 커피는 '갈라옹Galão', 아메리카노처럼 에스프레소에 뜨거운 물을 추가한 커피는 '아바타나두Abatanado'이다. 그러나 굳이 어려운 포르투갈어를 사용하지 않아도 '카페라테'나 '아메리카노'라고 말하니 문제없이 소통이 되었다. 커피를 좋아하는 우리는 저렴하고 맛있는 리스본의 커피를 마음껏 즐겼다. 평소에는 잘 마시지 않았던 에스프레소의 쌉쌀한 맛도 알아버렸다. 설탕을 넣지 않은 진한 원액의 에스프레소 한 모금과 달콤한 디저트를 곁들이면 그 조화로운 맛에 홀딱 반할 수밖에 없다.

리스본의 카페나 식당에서 내가 눈여겨본 모습은 빈 테이블이 있는데도 카운터 앞에 서서 커피를 마시는 손님들이었다. 가끔 주인과 대화를 나누기도 하지만, 에스프레소 한잔을 얼른 마시고 나가는 경우가 대부분이었다. 식당에도 디저트로 커피가 있으니 식사는 하지 않고 커피만 마실 수 있지만, 카운터에 서서 마시는 모습이 특이했고 몇 차례 목격하고 보니 뭔가 이유가 있을 것 같다고 생각했다. 이런 모습은 주로 현지인들이 이용하는 카페나 식당에서 볼 수 있었다.

이것은 포르투갈의 독특한 커피문화라고 한다. 테이블에 앉지 않고 서서 마시면 가격도 저렴하다. 우리처럼 자리를 차지하고 앉아서 마시는 에스프레소가 1유로에서 1유로 50센트 정도인데, 서서 마시면 그보다 할인받을 수 있다. 할인도 할인이지만 바쁜 리스본 사람들이 커피를 충전하는 방식이라고 한다.

그리고 포르투갈 사람이 "우리 커피 한잔할까?"라고 한다면 심각한 대화를 원하는 것이 아니라 서서 빠르게 한잔 마시자는 제안일 경우가 많다고 하니 오해하고 상처받지 말자. 그렇다고 포르투갈에 바쁜 사람만 있는 것은 아니다. 커피를 마시며 대화를 즐기는 포르투갈 사람들에게 동네 카페는 단순히 커피를 마시는 장소를 넘어 이웃들과 소소한 이야기를 나누는 사교의 장이다.

리스본의 좁은 골목길을 따라 걷다 보면 작은 카페들을 자주 만날 수 있다. 여행자들로 붐비는 거리의 예쁜 카페들과는 달리 특별한 장식이 없는 소박한 모습으로 작은 가게처럼 보이는 곳들이다. 이런 곳에는 각종 디저트류와 병 음료는 물론, 맥주나 와인까지 갖추어져 있다.

 랄프는 첫날 아침에 숙소 옆 작은 가게에 들어갔던 것과 마찬가지로, 이런 현지 분위기의 카페를 선호한다. 그가 주로 가는 카페는 동네 사람들이 모여 시간을 보내는 곳이다. 테이블마다 앉아 있는 사람들은 이웃에 사는 아저씨와 아줌마들로 보인다. 우리는 이런 모습의 작은 가게에서 달콤한 디저트와 커피를 즐겨 마셨다. 여행의 시간이 길어지면서 처음엔 낯설었던 동네 카페가 편해졌다. 어느 도시에서나 볼 수 있는 비슷한 카페들보다 현지인 분위기가 물씬 나는 작은 카페에서 남들이 모르는 틈새를 즐기는 여행의 묘미가 더해졌다.

 리스본 사람들은 여전히 흡연에 관대하다. 리스본의 카페나 식당에는 대부분 야외테이블이 놓여있다. 우리도 리스본의 맑은 날씨를 즐기기 위해 야외테이블을 자주 이용했다. 테이블 위에는 당연히 재떨이가 놓여있고, 담배를 피우는 사람들은 야외 자리에 앉아 당당하게 그들의 권리를 누린다. 그래서 야외테이블에 앉으면 간접흡연을 각오해야 한다. 참고로 우리는 비흡연자이다.

 리스본 곳곳에서 볼 수 있는 야외카페를 '키오스크'라고 한다. 이곳에서는 맥주나 와인 같은 주류와 커피, 주스 등의 음료를 비롯하여 갖가지 음식을 판매하고 있다. 도심의 공원이나 전망대 같은 곳에 작은 부스를 두고 주변에 테이블을 놓아 손님을 맞는다. 예전에

국회의사당 옆 공원의 키오스크

가판대 형태로 물건을 팔았던 곳을 도시 재생 프로젝트에 의해 새롭게 단장했다고 한다. 이제 키오스크는 리스본을 대표하는 거리문화로 자리 잡아 현지인에게는 일상의 쉼터로, 여행자에게는 현지인의 정취를 느낄 수 있는 장소가 되고 있다. 레스토랑이나 일반 카페에 비해 가격이 저렴하고, 야외테이블에 앉아 날씨 좋은 리스본의 노천문화를 즐길 수 있다는 장점이 있다.

어느 조용한 오후 시간, 우리는 공원 안에 자리 잡은 야외카페가 눈에 띄어 그곳으로 향했다. 국회의사당이 바라다보이는 공원의 키오스크였다. 우리 옆 테이블로 반려견과 산책하던 사람들, 책을 안은 대학생, 여행자로 보이는 가족이 차례로 와서 커피나 음료수를 마시며 쉬었다 가는 모습이 정겨웠다. 우리도 키오스크에 앉아 에스프레소를 마시며, 소소한 일상을 즐기는 현지인처럼 여유로운 시간을 보냈다. 나뭇잎 사이로 반짝이는 햇살과 하늘빛이 아름다운 오후였다.

알파마 지구를 돌아보고 내려오던 길에 포르타스 두 솔 전망대 Miradouro das Portas do Sol를 만났다. 전망대에서 보이는 판테온의 하얀 돔이 리스본다운 분위기를 자아내는 곳이다. 전망대 아래로 펼쳐진 붉은 지붕들 덕분에 유럽 느낌이 물씬 차오르는 이곳은 늘 관광객들로 붐빈다. 늦은 오후에 도착한 전망대에는 사진을 찍으려는 사람들이 테라스를 점령하고 있었다. 우리도 그 속에 끼어 몇 장의 리스본다운 사진을 남겼다.

햇살 좋은 오후의 전망대 키오스크에는 여행자로 보이는 사람들이 삼삼오오 자리를 잡고 앉아 떠들썩한 분위기를 만들고 있었다. 두리번거리며 자리를 찾고 있는데 때마침 전망대 펜스 바로 앞 테이블에 있던 사람들이 일어서는 것이 보였다. 나는 얼른 테이블을 차지했고, 랄프는 맥주를 주문해 왔다. 대부분 키오스크는 셀프서비스여서 직접 부스에 가서 주문해야 한다. 우리는 시원한 맥주 한잔으로 '리스본을 위해 건배!'를 외쳤다.

아름다운 리스본의 밤에는 키오스크도 붐빈다. 작은 전구를 줄줄이 매달아 장식한 키오스크에 불이 켜지면서 10월의 선선한 바람을 맞으며 밤을 즐기려는 사람들이 모여들었다. 국회의사당 옆 공원의 키오스크는 불 켜진 밤의 모습도 예뻤다. 우리가 자주 갔던 산타 카타리나 전망대의 키오스크에도 밤마다 파티를 즐기는 사람들로 만원이었다. 키오스크뿐만 아니라 카페나 바가 밀집해 있는 골목길에도 사람들이 몰려 리스본의 밤을 밝혔다. 밤이면 리스본에 있는 사람들 모두가 여행자로 보였다. 오가는 사람들이 모두 즐거워 보였고, 들뜬 분위기가 온 거리에 넘쳐났기 때문이다.

나는 유럽을 여행하면서 공중화장실을 사용할 때 돈을 지불해야 하는 문화에 여전히 익숙하지 않다. 몇 번 가본 독일은 백화점에서도 돈을 받으니 너무하다 싶기도 하다. 이런 나와 달리 독일사람인 랄프는 약간의 비용을 치르면 깨끗한 화장실을 이용할 수 있다며 당연하게 생각한다. 화장실 청소와 관리를 담당하는 사람들에게 팁을 주는 것이니 불평하지 말라며 나를 달랜다.

리스본에서도 공중화장실을 이용할 때는 보통 50센트의 유로 동전을 내야 한다. 그래서 리스본을 여행할 때는 화장실 사용을 위해 동전이나 약간의 현금이 필요하다. 동전이 없더라도 화장실 입구에 직원이 대기하면서 바로 교환해 주니 너무 걱정하지 않아도 된다. 키오스크를 이용할 때는 야외카페이다 보니 그들만의 화장실이 따로 없어 키오스크가 속한 공원이나 전망대의 공중화장실을 이용해야 한다. 물론 유료이다.

　뚜벅이 여행자인 우리는 화장실이 늘 신경 쓰인다. 급할 땐 당연히 근처의 공중화장실을 사용하기도 하지만, 이마저도 여의치 않거나 시간의 여유가 있는 경우, 잠시 쉬어갈 겸 근처의 카페를 이용했다. 리스본에서 아무리 작은 카페나 식당이라도 화장실이 갖추어져 있고, 일반적으로 잘 관리되고 있다. 그곳을 이용하는 손님이라면 무료로 사용할 수 있다. 저렴한 에스프레소 한잔을 마시고 화장실도 사용할 수 있으니 꽤 괜찮은 거래인 셈이다.

리스본에선
나타

　　숙소를 나와 언덕길을 내려가니 타임아웃 마켓이 나타났다. 2014년에 전통시장 개발 프로젝트로 새 단장을 한 이곳은 40개 이상의 레스토랑과 카페가 모여있는 푸드코트 같은 곳이다. 큰 건물 외곽과 내부에 다양한 매장들이 타임아웃 마켓을 이루고 있다. 시장 건물 안으로 들어가면 중앙에 넓은 테이블과 좌석이 있어 구입한 음식을 먹고 마실 수 있다. 대구의 서문시장 야시장처럼 다양한 나라의 음식을 파는 가게들이 모여있는 곳인데, 실내에 있어 날씨의 영향을 받지 않는 데다가 서비스 시설이 잘 갖추어져 있어 인기가 높다.

　　우리가 처음 갔던 일요일의 타임아웃 마켓은 빈자리를 찾기 힘들 정도로 붐볐다. 복잡한 틈새를 비집으며 시장 안을 돌아보다가 사람들이 줄을 서 있는 나타 집을 발견했다. 리스본에 가면 나타를 먹어야 한다는 것은 국룰이다. 이미 나타의 맛을 경험한 우리도 자연스

사람들로 붐비는 타임아웃 마켓

럽게 그 줄에 합류했다.

드디어 우리 차례, 오븐에서 방금 나온 따뜻한 나타를 받아 들고 직원이 추천해 준 대로 시나몬 가루와 슈거파우더를 듬뿍 뿌린 후 한입 깨물었다. 바사삭 소리를 내며 부서지는 타르트와 달콤하면서 부드러운 에그 필링은 입안에서 녹은 듯 사라져 버렸다. 리스본의 나타가 왜 유명한지 깨닫게 해주는 맛이었다.

'그래, 리스본에선 나타를 먹어야 해!'

나만의 감동이 아니라는 것은 달달한 디저트를 즐기지 않는 랄프의 표정에서도 확인할 수 있었다. 거기에 쌉쌀한 에스프레소를 한 모금 곁들이니, 더 이상 말해 뭐해!

다음날에도 그곳을 찾아간 우리는 '나타와 에스프레소'를 먹으며 칭찬의 말을 아끼지 않았다. 그날 이후 여행 내내 우리는 참새와 방앗간의 모양새로 그곳에 들러 진한 에스프레소와 나타를 먹은 후에 하루를 시작하곤 했다. 이곳은 나타뿐만 아니라 에스프레소도 맛집이다. 진하지만 과하지 않은 커피 본연의 맛이 나타와 찰떡궁합이다. 더구나 에스프레소 한 잔과 나타 한 개를 합쳐 2유로가 채 안 되는 가격이다. 우리는 이 세트를 '아침을 여는 행복한 맛'으로 이름 지었다.

사실 리스본의 원조 나타 집은 벨렘Belém 지구에 있는 '파스텔 드 벨렘Pastéis de Belém'이다. 워낙 유명한 맛집이라 근처에 가면 쉽게 찾을 수 있다. 타임아웃 마켓의 나타에 반한 우리는 원조집에 대한 기대를 품고 그곳을 찾아갔다.

이 레스토랑 앞에 가면 사람들이 길게 줄을 서 있어 원조집의 명성을 단번에 알아볼 수 있다. 그런데 이 줄은 나타를 포장해서 가려는 사람들이 대기하는 줄이다. 현장에서 맛있는 나타를 곧바로 즐기고 싶다면 레스토랑으로 들어가는 줄이 따로 있으니, 그쪽으로 가면 오래 기다리지 않아도 된다. 레스토랑 내부가 꽤 넓어서 바로 입장할 수 있고, 나타 외에 다른 메뉴가 있어 식사도 가능하다. 우리도 바로 안쪽 정원의 빈자리를 잡을 수 있었고, 10월의 햇살을 받으며 원조 나타의 깊은 맛을 음미했다.

원조집의 나타와 에스프레소

리스본의 나타는 18세기 초에 제로니무스 수도원Mosteiro dos Jerónimos의 수도사들이 처음 만들었다고 한다. 당시 수도복을 세탁하거나 풀을 먹일 때 달걀흰자를 이용했는데, 이때 남은 노른자를 이용해 수도사들이 개발한 디저트가 나타이다. 이곳의 레시피는 '비밀제빵사'라고 불리는 소수의 제빵사들에게 전수되어 오늘날까지 지켜지고 있다.

원조집의 나타는 타임아웃 마켓의 단골집에 비해 타르트는 덜 바삭했지만, 에그 필링은 단맛이 덜하고 극강의 부드러움으로 깊은 인상을 남겼다. 원조집의 맛을 인정할 수밖에 없었고, 왜 이곳이 인기인지 알 수 있는 맛이었다.

언제 또 이곳의 나타를 맛볼까 싶어 한꺼번에 다섯 개를 주문했다. 식탐이 많지 않은 내가 평소와 달리 많은 양을 주문하니 놀라던 랄프도 자기 몫을 뺏길 새라 적극적으로 따라 먹었다. 포장을 해오고 싶었지만, 현장에서 느낀 맛의 감동이 사라질 거라는 랄프의 만류에 참기로 했다.

우리나라에도 '나타'라는 이름으로 포르투갈식 에그타르트를 파는 디저트 카페들이 있고, 포르투갈 나타의 맛을 비슷하게 재현한 곳들도 많다. 원조집의 비밀 레시피를 알 수 있다면 리스본의 대박집을 한국으로 옮겨 올 수도 있을 것 같지만, 이곳에서 먹는 나타가 더 특별한 이유는 맛뿐만 아니라 리스본이라는 도시의 분위기가 곁들여져 원조만의 감동을 더해 주기 때문일 것이다.

리스본에는 우리가 아는 에그타르트뿐만 아니라 다양한 재료를 활용한 나타를 맛볼 수 있는 가게들이 있다. 갑작스럽게 비가 쏟아지던 어느 날 오후, 비를 피해 우연히 들어간 카페에서 우리는 햄과 시금치 같은 녹색 채소가 들어간 나타를 먹었다. 디저트로 먹는 에그타르트와는 다르게 간소한 요리 느낌으로, 허기가 느껴지던 시간에 딱 좋은 간식이었다. 비 때문에 우연히 들어가서 색다른 나타를 맛보았고 우리가 발견한 맛집이라고 생각했었는데, 알고 보니 그곳도 꽤 유명한 나타 집이었다. 어쩐지 한국인 손님들이 보이더라니!

이렇게 여러 곳에서 나타를 먹은 후, 랄프에게 어느 집의 나타가 가장 맛있었는지 물어보았다. 그는, 리스본의 나타는 이미 일정 수

준의 맛이 보장된 맛이라 특별히 어느 곳을 찾기보다 여러 곳에서 비교하며 먹는 재미가 있었다며 전문가처럼 말했다. 다만 비 오는 날 우연히 발견한 햄과 채소가 들어간 나타가 특별하고 인상적인 맛이어서 추천하고 싶단다. 나의 경우에는 벨렝 원조집의 에그필링과 타임아웃 마켓의 타르트를 조합하면 완벽한 '인생 나타'가 될 것 같다. 그리고 당연히 에스프레소가 곁들여져야 하고.

모두들 벨렝에 있는 원조집을 찾아가지만, 랄프의 말처럼 여러 곳에서 다양한 나타를 맛보면서 나만의 최애 버전을 찾아보는 것도 여행에서 얻을 수 있는 색다른 재미가 될 수 있겠다.

'따봉Tá bom'은 "좋다"라는 뜻을 가진 포르투갈어다. 1990년대 한국에서 '따봉' 열풍이 일었었는데, 어느 음료 회사에서 수입한 오렌지주스 광고에서 비롯되었다. 이 광고를 기억하는 사람이라면 어느 정도 연배가 있다고 보면 되겠다. 하지만 광고를 모르더라도 여전히 '최고'라는 의미로 따봉을 사용하는 사람들이 있어 많이들 들어봤을 것 같다.

"브라질에서도 정말 좋은 오렌지를 찾았을 때 델몬트는 이렇게 말합니다. 따봉!"

당시 따봉을 외치며 농부들이 어울려 춤추는 장면이 대박을 터트렸다. 이때의 오렌지주스는 브라질산이었지만, 포르투갈의 오랜 식민지였던 브라질은 포르투갈어를 공식 언어로 사용하고 있고, 따봉은 포르투갈어다.

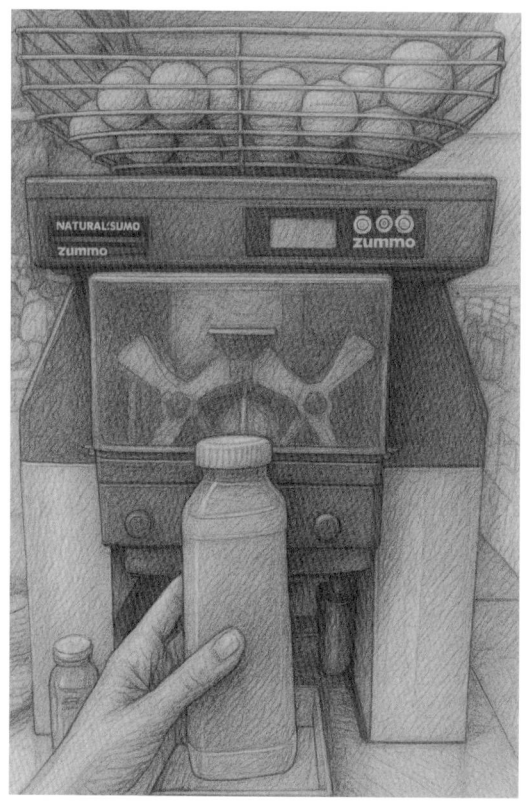

슈퍼마켓의 오렌지 착즙기계

　리스본에 와서 처음 들른 슈퍼마켓에서 오렌지주스를 만들어주는 기계를 발견했다. 상단의 바구니에 오렌지가 잔뜩 담겨 있는 이 기계는 슈퍼마켓에 가면 볼 수 있다. 오렌지주스를 마시려면 원하는 크기의 병을 걸친 후 버튼을 누르고 있으면 된다. 바구니에 있던 오렌지가 기계 안으로 떨어지면서 반으로 잘리고, 양옆의 날개가 잘린 오렌지를 눌러 주스를 짜는 방식이다.

감귤류의 과일이 많이 생산되는 제주도에서 사용하면 괜찮은 사업 아이템이 될 수 있을 것 같은 생각에 제주에서 감귤 농사를 짓고 있는 내 친구에게 오렌지주스 착즙기계를 찍은 사진을 보냈다. 그러나 관심을 보였던 친구는 과일값이 비싼 우리나라에선 수익성이 없다는 주위 의견을 듣고 포기해 버렸다. 슈퍼마켓에서 감귤 주스를 바로 짜서 먹을 수 있다면 꽤 인기가 있을 것 같은데 아쉬웠다.

　여행을 떠나기 전, 포르투갈이나 스페인 여행을 간다면 오렌지주스를 실컷 마시라는 말을 들었다. 주스보다 과일 자체를 즐기는 편인 나는 오렌지가 맛있나 보다 생각했을 뿐 맘에 두진 않았다. 그런데 이 신기한 기계가 나의 시선을 사로잡았고 재미 삼아 주스를 내려 보았다. 그리고 한 모금 맛본 순간, 신선한 오렌지 과즙의 시원하고 달콤한 맛에 완전히 빠지고 말았다. 그날 이후, 이전 여행지에서 만난 친구들이 리스본에서 왔을 때 웰컴 드링크로 오렌지주스를 준비했고, 슈퍼마켓에서 만난 한국인 청년들에게도 적극적으로 권했을 만큼 오렌지주스는 나의 최애 음료가 되었다. 리스본의 슈퍼마켓에서는 금방 짜낸 신선한 오렌지주스 500ml 한 병을 3유로가 안 되는 가격으로 마실 수 있다.

은퇴를
결심하다

　코로나19를 겪으며 모두가 단절되었던 고통의 시간은 백신 접종이 이루어지며 차츰 안정기로 접어들었다. 그즈음 나는 미뤄두었던 건강검진을 받았다. 그동안 2년마다 의무적으로 정기검진을 받으며 특별한 문제가 없었고, 건강하다고 믿었기 때문에 검진 결과에는 크게 신경을 쓰지 않았다.

　얼마 후, 늘 그랬듯이 몇 곳에 빨간색의 경고문이 붙은 검진 결과지를 받았다. 그러나 이번에는 평소와 다른 무엇이 있었다. 대수롭지 않게 넘기고 싶었지만, 다른 부위도 아닌 뇌에 이상소견이 있다는 결과를 받으니 큰 병원을 찾지 않을 수 없었다. 느껴지는 증상은 아무것도 없는데 내 머리에 이상한 것이 있다는 거다.

　진료의뢰서를 받아 들고 간 대학병원의 담당 교수는 정밀 검사를 결정했고, 그 결과 뇌동맥류 진단을 받았다. 뇌의 혈관 중 한 부분이 부풀어 올라 그냥 놔둘 경우 뇌출혈이 발생할 수 있고, 나의 경우는 위치와 모양이 모두 나쁘다며 걱정을 덧붙였다.

사실 나는 직장 생활을 하는 동안 병가를 써본 적이 거의 없었다. 아파도 출근해야 한다는 꼰대 정신 때문이기도 했고, 집에서 쉬어야 할 만큼 아팠던 적이 별로 없었기 때문이기도 했다. 그런데 이번에는 수술을 집도한 담당 교수의 권유에 따라 한 달간의 질병 휴가를 내야 했다. 병원에서는 허벅지의 동맥을 통해 가느다란 관(카테터)을 삽입해 뇌동맥류 내부를 코일로 채워 혈류를 차단하는 시술이라고 설명해 주었다. 뇌를 절개하는 심각한 수술은 아니지만 예후를 관리하기 위해 한 달 정도의 안정이 필요하다고 했다.

그간 큰 병을 앓은 적 없이 건강하게 살아왔음에 감사할 일이었지만, 열심히 살아온 내게 이런 시련을 주시니 평소에 찾지도 않던 신이 원망스럽기까지 했다. 혼자 병실에 누워 있으려니 지나온 시간이 한 편의 다큐멘터리가 되어 눈앞을 스쳐 갔다.

그동안 나는 잘 살아온 걸까, 지금의 나는 내 삶을 이끌고 있을까 마지못해 끌려가고 있을까… 이런저런 생각이 이어질수록 멀리서 걱정하고 있을 랄프가 더 그리워졌다. 겁이 많은 내게 수술실과 병실의 무거운 분위기는 마취에 빠지면서도 두려움을 떨칠 수 없었고, 듬직하게 내 손을 잡아주며 위로해 줄 그가 옆에 없으니 더 아쉬웠다.

내가 병원에 입원하고 수술을 받았던 2022년 1월은 코로나가 여전히 우리 생활에 많은 제약을 주던 시기였다. 환자가 아닌 사람의 병원 출입은 간병을 위해 코로나 검사를 받은 가족 중에 한 명만 가능했었기 때문에 부서의 직원들이나 가까운 친구들도 병문안을 올 수가 없었다. 또한 직장 내에서도 서로 간의 교류가 극히 제한적이었기 때문에 한 달 동안 나의 부재가 크게 알려지지 않았던 것은 그나마 다행스러운 일이었다.

그런데 수술보다 나를 더 곤란하게 만들었던 문제는 수술 전 검사와 수술동의서에 서명할 가족을 찾는 일이었다. 대학을 졸업한 딸이 지금 다니는 회사에 입사하여 갓 출근을 시작한 1월에 수술 날짜가 잡혔다. 아이를 걱정시키고 싶지 않았지만, 여든 전후의 부모님께는 더더욱 말씀드릴 수가 없었다. 친구에게 서명을 부탁해도 될지 물었더니 황당한 표정을 짓던 담당 교수는 형제자매까지는 가능할 수 있다는 말로 여지를 남겨주었다.

생각 끝에 아이에게 나의 상황을 이야기했고, 아이는 두말없이 직장에 휴가를 내고 내려와 검사와 수술에 모두 보호자 서명을 하고 곁을 지켜주었다. 여전히 어려만 보이는 내 아이가 어느새 나의 보호자가 되었다는 사실에 기쁘고 감사하면서도, 한편으론 미안함이 교차했던 순간이었다.

다행히 수술은 잘 끝났고, 며칠간의 입원 후에 퇴원할 수 있었다. 아이를 출산할 때 입원했던 경험을 제외하면 내 인생에서 처음으로 병원 신세를 졌고, 뇌를 건드리는 무서운 경험을 했다. 이후 정기적으로 만나는 담당 교수는 나의 뇌 촬영 사진MRA을 볼 때마다 까다로운 수술이었지만 잘 작동하고 있다며 안심시켜 준다. 이후 나는 추적검사가 필요한 다른 부분에 대해서도 꾸준히 정기검진을 받으며 건강을 챙기고 있다.

코로나로 하늘길이 단절되어 오가지 못하는 상황에서 나의 수술과 병원 생활 동안 누구보다 마음을 졸였던 사람은 호주에 있는 남자 친구 랄프였다. 그는 매일 내 상태를 살피며 걱정해 주었고, 함께 있어 주지 못해 미안하다는 말을 수십 번도 더 했다. 그런 그를 생각하면 지금도 가슴이 뭉클해진다.

하지만 미안하다는 말은 그보다 내가 먼저였다. 우리나라에서 코로나가 막 시작되고 종교단체를 통해 순식간에 퍼져 나가기 시작했던 2020년 3월, 그는 암 수술을 받았다. 그도 나처럼 건강검진에서 대장암을 발견했고, 극히 초기여서 복부 절개 없이 복강경 수술을 통해 제거할 예정이라고 했었다. 그는 담담했고 씩씩했으며, 오히려 암이라는 말에 놀라 어쩔 줄 몰라 하던 나를 안심시키려고 노력했다. 그때 나는 그 엄청난 소식을 듣고도 달려가지 못했다. 내가 일하고 있던 도시의 코로나 전파 상황이 너무 심각했고, 하루하루 새로운 임무가 주어지면서 자리를 비울 수도 없었다. 변명이지만 걱정하지 말라는 그의 말을 따를 수밖에 없었다.

다행히 그는 호주에서 코로나 전파가 시작되기 전에 수술을 받을 수 있었다. 만약 심각한 감염이 시작된 이후 암을 발견했다면, 그 암 덩어리를 안고 얼마나 기다려야 했을지 모를 일이었다. 그런 생각을 하면 지금도 아찔하다. 그는 가족 한 사람 없는 먼 이국땅에서 홀로 힘든 시간을 견뎌냈다. 그가 말한 것처럼 몸속의 암은 심각하지 않앓던지 제거 수술 후 별도의 항암치료 없이 정기검진으로 관리해 왔고, 얼마 전 드디어 5년이 지나 완치 판정을 받을 수 있었다.

코로나가 진정되고 다시 만난 우리는 힘든 시간에 함께 있어 주지 못한 미안함으로 서로를 위로했다. 그러나 내겐 힘이 되어준 딸이 있었지만, 그는 오롯이 혼자였다. 씩씩한 척했던 그도 사실은 겁이 났다며 그때의 심정을 말했을 때 나는 그의 손을 잡고 눈물을 흘렸다. 초기라고 하더라도 암이라는 무시무시한 병명을 통보받고 돌봐줄 사람 하나 없이 혼자서 그 과정을 견뎌내야 했으니 얼마나 힘들었을까. 그때를 생각하면 그에게 미안한 마음뿐이다.

우리 둘 다 코로나 팬데믹 기간에 심각한 감염병의 위협을 받지는 않았지만, 차례로 발견된 건강 문제로 위기를 맞았었고 다행히 무사히 넘겼다. 하지만 그런 일은 언제든 다시 일어날 수 있다. 그때의 경험을 계기로 우리는 미래에 대한 고민을 좀 더 깊이 시작하게 되었다. 이전부터 나의 이른 은퇴를 종용하던 랄프는 본격적으로 나를 압박했고, 나 또한 그 시기에 많은 일을 겪으며 마침내 30년 직장생활을 마무리하고 은퇴를 결심하게 되었다.

그렇게 나의 은퇴 계획은 기정사실이 되어갔다. 다만 빈털터리인 내가 조금 이른 퇴직을 하려면 재정적인 안전장치가 필요했다. 당시 공무원으로서 나의 근무 경력은 30년에 이르렀지만, 몇 차례 개정된 연금제도는 정해진 일정 시기까지 근무하지 않으면 퇴직과 동시에 연금을 받을 수 없게 되어있었다. 그래서 부족한 나머지 기간을 채운 후에 연금 수령 시기에 맞추어 퇴직하기로 마음먹었다.

적은 월급을 받으면서 계약에도 없는(물론 우리나라에서 공무원은 별도의 근로계약이 없다) 온갖 잡다한 일들을 당연히 해내야 하는 지방직 공무원으로 살면서 월급에서 뭉텅뭉텅 떼어가는 기여금(연금에서 개인이 부담하는 금액)을 견딘 것은 나의 노후를 책임질 연금이 되어 돌아올 것을 믿었기 때문이었다. 그리고 그 연금만이 가진 것 없는 나의 은퇴 후 삶을 유지해 줄 수 있다는 것도.

그 와중에도 시간은 빠르게 흘러, 기다리던 연금 수령 시기가 다가왔다. 퇴직을 결심한 뒤에 가장 먼저 부모님께 나의 계획을 말씀드렸다. 나에겐 팔십 대로 접어드신 부모님이 계시다. 연로하신 두 분의 시간은 대부분 집안에서 흐른다. 아빠의 건강이 여의치 않으면서 타시던 차를 없앴고, 기동력이 떨어지니 두 분의 외출이 예전처럼 자유롭지 못하시다. 엄마도 건강 문제로 오래 다니던 요가 클래스를 그만두신 후 바깥 활동이 줄어 답답해하신다. 운동 삼아 집 근처를 산책하시거나 친구분들과 가끔 만나 식사하는 일 정도가 집 밖으로 나가는 활동의 대부분이다. 명절이나 특별한 기념일에 가족 여행을 가기도 하고, 동생들과 내가 모시고 나가기도 하지만 다들 바쁘다 보니 가끔 있는 일일 뿐이라 늘 죄송한 마음이다.

내가 퇴직을 말씀드렸을 때 아빠는 언제나처럼 나의 결정을 존중해 주셨지만, 엄마는 걱정을 쏟아놓으셨다. 당신들의 현재에 비추어 넘치게 많아질 나의 시간을 걱정하셨고, 그 시간을 어떻게 보낼 것인지 궁금해하셨다.

걱정하시는 부모님께 내가 생각하는 은퇴 후의 계획에 대해 말씀드렸다. 나의 이른 퇴직과 밀접한 관련이 있는 호주의 남자 친구 랄프에 관한 이야기를 털어놓았고, 내가 생각하는 앞으로의 삶에 대해 말씀드렸다. 장밋빛으로 치장한 계획으로 부모님을 안심시키려 노력했지만, 두 분의 걱정이 사라진 것은 아닐 것이다. 하지만 부모님은 이해해 주셨고, 그에 따라 그분들의 암묵적인 동의를 얻었다. 언제든 찾아갈 수 있는 따뜻한 둥지인 부모님께서 오래 우리 곁에 함께 하시기를 소망할 뿐이다.

이제 무엇보다 나의 가장 친한 친구이자 지원군인 딸의 생각이 중요했다. 긴 시간 동안 우리는 둘이 함께였고, 서로 의지하며 살아왔다. 힘든 일도 있었지만 아이는 잘 자라 어엿한 사회인으로서 자신의 길을 가고 있다. 오랜만에 둘이 만난 자리에서 조심스럽게 나의 은퇴 계획을 이야기했다. 아이는 두말없이 지지해 주었을 뿐만 아니라 그동안 수고했다며, 지금부터는 엄마가 원하는 삶을 살아보라는 응원의 말로 망설이던 내게 힘을 보태주었다. 언제 이렇게 컸을까. 의젓한 어른이 된 딸이 자랑스럽다. 나 또한 든든한 후원자로서 늘 함께할 것을 약속했다. 시간이 흐르고 보니 지나온 모든 일들이 감사할 뿐이다.

여행과 사람

여행은 단순히 자신이 머문 장소에 대해서 알아가는 일만이 아니다. 그곳에 있는 사람들을 만나고 그들과 함께 시간을 나누며 그곳에 대한 이해를 넓혀가는 것이 진정한 여행이다. 사람들과 함께 어울린 공간에서 진정한 여행 이야기가 만들어진다. 랄프는 다음에 다시 리스본에 올 때를 위해 포르투갈어를 공부하고 싶다고 했다. 그만큼 리스본은 우리에게 깊은 인상을 남겼고, 언젠가 다시 오리라 다짐하게 만들었다.

관계의
재설정

　세상을 살면서 가족만큼이나 소중한 존재가 친구이다. 오래 만나 익숙한 친구가 있고, 가끔 만나도 편안한 친구가 있다. 학교에 다니던 어린 시절에 만나 오래된 친구 사이와 어른이 되어 직장에서 만나 친구가 된 사이에는 조금 다른 느낌이 존재할 수 있다. 하지만, 나는 만난 시기나 기간보다는 얼마나 마음을 터놓고 이해하느냐가 친구 관계를 유지하는 힘이라고 생각한다.

　퇴직한 선배들에게 가장 큰 고민 중의 한 가지가 늘어난 자유시간을 나눌 친구의 존재라는 말을 들었다. 직장을 다닐 때는 그 안에서 여러 사람을 만나고 하루하루 바쁘게 보내느라 친구에 대해 깊이 고려할 시간도, 여유도 없었다. 언제나 부족하던 시간이 갑자기 넘치는 날이 오다니 참으로 감격스러운 일이지만, 인간은 사회적 동물이기에 혼자만의 시간이 길어지면 외로워지고 결국 우울해진다.

　그러다 보니 직장에서 함께 일했던 후배들에게 질척거리는 경우가 생기기도 한다. 함께 일할 때 잘 지냈더라도 업무상의 소통이 대부분이었을 것이다. 이미 직장을 떠난 우리에게 그들이 공유할 것은 많지 않을 것이고, 일에 지친 그들에게 퇴직한 선배까지 챙기기를 바라는 것은 욕심이다. 우리의 정신건강을 위해서도 은퇴 후 주위 사람들과의 관계를 재설정해야 한다.

랄프와 나에게는 여행지에서 새로 사귄 친구들이 있다. 나의 은퇴 후에 우리는 곧바로 튀르키예 카파도키아로 떠났었다. 은퇴를 기념하는 짧은 여행이었고, 무엇보다 카파도키아의 유명한 열기구에 올라 새로운 시작을 축하하고 싶었다. 야심 차게 떠난 우리의 여행은 현지에 가서 알고 보니 독일여행사의 단체여행이었다. 랄프가 예약을 담당했었는데 비행기와 숙박만 예약했다고 들었던 나는 몹시 당황했다.

내가 아는 독일어는 'Guten Tag(안녕하세요)' 같은 인사말과 'Danke schön(감사합니다)'이 전부다. 독일어를 이해하지 못하는 한국 여자가 스무 명이 넘는 독일 사람들 속에 낀 기이한 여행이었다. 처음에 통역을 해주겠다며 나를 안심시키던 랄프는 가이드의 끊임없이 이어지는 긴 설명을 감당하지 못했고, 스마트폰의 번역기도 감히 따라잡지 못했다. 선택의 여지가 없었던 나는 인터넷 검색으로 여행지 정보를 찾아보며 그들을 따라다녔다. 대신에 삼시 세끼가 제공되고 가이드가 모든 것을 챙겨주는 패키지여행을 편안하게 즐겨보기로 했다.

주로 중년의 여행자그룹이었던 독일 사람들은 영어에 익숙하지 못했고, 나는 인사 외에는 그들과 대화를 나눌 수 없었다. 그런데 여행 둘째 날, 카파도키아로 이동하는 중에 들른 휴게소에서 일행 중 한 남자가 알은척하며 말을 걸어왔다. 나중에 알고 보니 부인이 태국사람이었는데, 버스 안에 또 다른 동양 여자가 있으니 반가웠는지 내게 먼저 말을 걸어온 것이었다. 이 부부는 독일인 남편과 태국인 부인 커플로, 태국에서 만나 결혼 후 부인이 독일로 옮겨와 30년째 살고 있다고 한다. 남편의 조금 이른 은퇴 이후 여행을 즐기며 살고 있다는 점도 우리와 비슷해 공통점이 많았다.

그렇게 알게 된 우리 네 사람은 여행 내내 붙어 다녔고, 늦은 밤까지 호텔 바에서 어울려 놀기도 했다. 그 부부가 서로 배려해 주는 모습이 인상적이었고, 30년을 살았으면서도 여전히 신혼부부처럼 세심히 아내를 살피는 남편의 모습이 멋져 보였다. 동년배의 독일 남자들과 아시아 여자들끼리 쿵짝이 잘 맞은 덕분에 우리의 카파도키아 여행은 더욱 즐거운 추억으로 남아 있다. 여행을 좋아하는 우리 네 사람은 여행지에서 만나 친구가 되었고, 다시 만날 것을 약속하며 헤어졌다.

어느새 살아온 날이 남은 날보다 더 많은 나이가 되었다. 이제 더 넓은 세상으로 나왔으니 새로운 친구들도 많이 사귈 수 있겠다. 세상은 넓고 새로 만날 친구들은 어디에나 있다. 일로 만난 사이에 대한 미련을 버리고, 남은 날을 더 행복하게 만들어줄 친구, 아직 만나지 못한 세상의 많은 친구들을 기다린다.

은퇴 후 자신이 속했던 곳이 없어진 데 대해 불안감을 느끼는 사람들이 있다. 앞서 퇴직한 한 선배의 이야기는 내게 큰 충격이었다.

"새로운 사람을 만났는데 명함이 없으니 어색하고, 자신감마저 떨어지더라."

평생을 일터에서 사람들과 어울리며 살았던 선배는, 은퇴 후 주어질 시간에 대해 준비하지 않은 채 직장을 떠났던 것이다.

요즘 젊은 세대들은 멀쩡히 다니던 좋은 직장을 박차고 나와 원하던 여행을 떠나거나 새로운 도전에 뛰어들며 자신의 가치를 높여 간다. 그러나 우리 세대는 직장에서 긴 시간을 힘들게 보냈으면서도 여전히 직장 밖에서의 삶을 두려워하고 명함 없는 자신을 민망해하기까지 한다. 젊은 그들의 용기를 부러워만 할 뿐, 즐기는 법을 배우지 못해 불행한 세대이다.

다행히 그 선배는 얼마 지나지 않아 새로 일자리를 얻었고 예전의 밝은 모습으로 다시 돌아왔다. 직장이라는 울타리 안에서 목에 건 명찰과 명함을 자신의 상징처럼 여기며 살아온 우리 세대 직장인들의 자화상인가 싶어 안타까웠다.

'은퇴'라는 삶의 전환기에 이르면 소속감에 대한 관점을 달리해야 한다. 우리는 유치원이나 초등학교에 입학한 이후부터 아침이면 집을 나서고 저녁이면 다시 돌아오는 생활을 반복해 왔다. 직장도 순서대로 거쳐 온 학교처럼 인생에서 지나가는 한 구간일 뿐이다. 은퇴 후의 삶에는 또 다른 시간이 기다리고 있다. 이제 나의 시간을 지배하던 직장이라는 틀에서 벗어나 스스로를 관리해야 하는 시점이 온 것이다.

선배의 경우처럼 무소속으로 살아가는 것이 두렵다면 새로운 조직으로 소속되면 된다. 새로운 일자리를 찾기도 하고, 같은 취미로 이루어진 동아리에 들어갈 수도 있다. 밖이 아니더라도 집안에서 가족과의 관계를 중심으로 역할 배분을 다시 해보는 것도 더 나은 삶과 소속감을 고취시키는 일일 수 있다. 시간이 가면서 모든 것이 변한다. 덜 상처받으며 안락한 노후를 살아가기 위해 달라진 현실을 인정하고, 그들보다 먼저 주변과의 모든 관계를 다시 설정하는 것이 현명하다.

나는 은퇴를 준비하면서 우리 엄마를 비롯한 많은 분들이 걱정하는 것처럼 은퇴 후의 시간을 구체적으로 계획해야 할까에 대해 생각해 보았다. 하지만 나는 게으르고 긍정적이다. 늘 그래왔듯이 당장 모든 것을 계획하지 않기로 스스로를 허락했다. 나에겐 가고 싶은 여행지를 적은 위시리스트가 있고, 나와 함께하는 여행을 꿈꾸며 기다려준 호주에 사는 친구 랄프가 있다. 그리고 10년 된 노트북이 아직은 살아있으니 글 쓰며 사는 데도 큰 지장은 없을 것이다.

여행의 순간을
　　나누는 방법

　여행지에서 좋은 곳을 보고 맛있는 음식을 먹을 때면 함께 오지 못한 사람들이 그리워진다. 그래서 돌아갈 즈음에 가족과 친구들을 위한 기념품이나 선물을 챙겨 담느라 바빴다. 작은 선물로나마 여행지에서 느낀 감동과 함께하지 못한 아쉬움을 나누고 싶었기 때문이다.

　그러나 은퇴 이후부터 여행은 내게 일상이 되었고, 앞으로 더 자주, 더 길게 여행하게 될 것이다. 랄프가 사는 호주의 집에 머물더라도 다른 사람에겐 여행을 떠난 것으로 여겨질 텐데 매번 선물을 챙기는 것이 번거롭고 부담스럽다. 그래서 건강하게 돌아가 다시 만나는 것으로 선물을 대신하자 마음먹었다. 여전히 마음 한구석은 불편하지만.

　이런 나의 고민을 알았는지, 기념품 가게를 탐색하고 있는 내게

리스본에서 보낸 그림엽서

랄프가 엽서 몇 장을 골라 한국의 가족에게 보내라고 권했다. 생각해 보니 이번 여행은 이전의 짧은 휴가와 달리 꽤 오래 머물 예정이라 아무리 느린 국제우편이라 하더라도 엽서가 나보다 먼저 도착해 있을 거란 생각이 들었다. 그래서 처음으로 여행지에서 엽서를 보내기로 했다.

리스본을 가득 담은 예쁜 엽서와 나타가 그려진 우표를 사서 고고학박물관 앞 공원 벤치에 앉아 짧은 안부 인사를 담았다. 말로는 전달할 수 없는 이곳의 분위기를 엽서 속의 그림으로나마 즐기기를 바라며 손 글씨로 또박또박 적었다. 엽서를 받고 기뻐할 가족들을 생각하니 작은 것에서 얻을 수 있는 소소한 행복의 소중함이 느껴졌다.

포르투갈에서 한국으로 엽서를 보내기 위해서는 그림엽서 한 장

50센트에 국제우편 요금 1유로 50센트까지 더해 2유로면 가능하다. 어디로 보낼 건지 물어보지 않은 것을 보면 우편 요금은 어느 나라에 보내든 동일한 것 같았다. 엽서를 파는 가게에 우편함이 설치되어 있어서 우체통을 찾는 번거로움 없이 바로 보낼 수 있으니 더 편리했다.

우리나라의 몇몇 여행지에서도 무료로 엽서를 보내주는 '느린 우체통'이 운영되고 있는 것을 보긴 했지만, 외국에서 온 여행자들이 한국의 모습을 전할 수 있도록 저렴한 국제우편이 제공되는지 궁금하다.

엽서를 보내고 한 달 정도 흐른 뒤에 가족들의 반가운 메시지가 차례로 날아왔다.

"엄마, 리스본 너무 예뻐요. 올 때 나타 사와야 해!"

아름다운 리스본의 풍경을 보며 잠시라도 여유로운 시간을 가지길 바라는 나의 마음이 딸아이에게 전달된 것 같아 흐뭇했고, 딸의 위트 넘치는 농담에 미안하던 마음도 조금 덜어졌다.

좋은 것을 나누는 방법은 의외로 간단하다. 값비싼 선물이 아니더라도 작은 그림엽서가 나의 마음을 담아 포르투갈에서 멀리 한국까지 날아갔다. 비록 한 달이나 걸렸고, 내가 이미 리스본을 떠난 이후였지만 그것이 문제가 될 리 없다. 삐뚤빼뚤 서툰 나의 손 글씨도 맘에 걸렸지만, 수십 년 키보드에 의지하여 손가락의 근육마저 키보드 맞춤형으로 틀어져 버린 것을 어찌하랴. 소소한 엽서 한 장이 우리를 행복하게 만들어주었고 '스윗'한 남자 친구 덕분에 멀리 있는 가족과 소중한 순간을 함께 나누는 따뜻한 경험을 추가했다.

페리 타고
카실라스

　여행은 단순히 자신이 머문 장소에 대해서만 알아가는 일이 아니다. 그곳에 있는 사람들을 만나고 그들과 함께 시간을 나누며 그곳에 대한 이해를 넓혀가는 것이 진정한 여행이다. 여행에서 만나는 사람들은 그곳에 사는 사람일 수도 있고, 때로 우리와 같은 여행자일 수도 있다. 이들과 함께 어울린 공간에서 진정한 여행 이야기가 만들어진다.

　튀르키예 여행에서 돌아온 우리는 본격적인 은퇴 생활의 첫 시작으로 리스본 여행을 결정했다. 그리고 우리의 여행 계획을 튀르키예에서 만난 독일의 친구에게도 알렸다. 얼마 후, 그들도 우리 일정에 맞춰 리스본으로 오겠다며 연락이 왔다. 그리고 우리 숙소가 있는 골목에 그들의 숙소를 예약하면서 드디어 우리의 재회 계획이 완성되었다.

독일에서 친구 부부가 도착하던 날, 연락을 받은 우리는 한달음에 달려가 그들을 맞았고, 서로를 얼싸안으며 다시 만난 기쁨을 나누었다. 여행을 통해 알게 된 친구와 다른 여행지에서 만나게 된 신기한 경험이었다.

그들이 우리와 같은 골목에 살았던 일주일간 우리는 함께 시내를 돌아다니거나 페리와 기차를 타고 근교로 나가기도 했고, 각자의 관심에 따라 따로 시간을 보내기도 하면서 나름의 방식으로 여행을 즐겼다. 은퇴자들의 여행은 계획에 얽매이지 않으며 여유 있게 쉬엄쉬엄 보고 느낀다. 우리는 서로의 방식을 존중하며 서로에 대해 조금 더 알아가는 시간을 즐겼고, 함께한 두 번째 여행지인 리스본에서 새로운 추억을 만들어갔다.

우리가 친구 부부와 함께한 리스본에서의 첫 여행은 페리를 타고 근교로 나가는 여정이었다. 그들의 포르투갈 여행은 이번이 처음이 아니었고, 리스본에 와본 경험도 있었다. 그런 그들에게 우리가 강 건너에서 바라본 아름다운 도시의 모습을 보여주고 싶었다.

그러나 다음 날 아침에 일어나니 폭우가 쏟아지고 있었다. 멈출 기미가 없는 장대비를 바라보며 여자들은 리스본 도심에서 시간을 보내자고 했지만, 겁 없는 남자들은 괜찮아질 거라며 기어이 페리를 타자고 우겼다.

곧 비가 그치기를 기대하며 선착장에 도착하니, 우리가 가려고 했던 세이샬행 페리는 한 시간 정도 기다려야 했고, 10분 후에 다른 곳으로 가는 배가 있었다. 갑자기 누군가가 그곳으로 가자고 외쳤고, 생각할 겨를도 없이 표를 끊어 다 함께 배에 올랐다. 이렇게 즉흥적인 여행이라니! 그들과 우리가 닮은 점이다.

이날 우리가 간 곳은 리스본 남쪽에 있는 알마다 지역의 항구 도시인 카실라스Cacilhas이다. 카이스 두 소드레 역의 선착장에서 페리를 타고 10분도 채 걸리지 않는 곳으로 10~15분 단위로 페리가 오간다. 이곳은 과거부터 테주강을 이용한 해상 교통의 중심지였고, 리스본과 남부 지역을 연결하는 교통의 요지로서 중요한 역할을 했다고 한다. 20세기 초반까지 조선업과 어업으로 번성했던 곳이라 강변을 따라 예전 조선소와 항구의 흔적을 볼 수 있고, 강변 산책길이 아름다운 곳이다.

배가 카실라스의 선착장에 도착하자 우리를 배려해 주는 듯 비가 그쳤다. 배에서 내리자 맨 먼저 강가에 서 있는 빨간색의 등대Farol de Cacilhas가 눈에 띄었다. 우리와 같은 배를 탔던 관광객으로 보이는 사람들이 그곳으로 향했고, 우리도 끌린 듯 그들을 따라갔다. 열정적인 빨간색으로 확실한 존재감을 드러내며 서 있는 이 등대는 과거에 테주강을 오가는 선박의 길잡이 역할을 했었고, 지금은 관광 명소이자 포토존으로 관광객들의 사랑을 받고 있다고 한다. 사람들은 하나같이 등대에 기대어 드넓은 테주강과 하늘을 담은 인생 사진을 노렸다. 흐린 하늘이 아쉬웠지만, 누가 봐도 빨간 등대는 독보적이었다.

성당에서 기도하는 친구

    항구를 따라 조금 더 걸으니 1843년에 건조된 포르투갈의 마지막 목조 군함이 정박해 있었다. 군함 내부를 둘러보며 19세기 선원들의 생활 모습을 체험할 수 있고, 포르투갈이 해상 강국으로 명성을 떨치던 시기의 흔적을 엿볼 수 있다고 한다. 우리는 이 군함박물관Fragata D. Fernando II e Glória 입구에서 주변을 돌아보며 인증사진만을 남겼다. 검소한 독일 남자들은 입장권의 가격을 물어보기만 했을 뿐

들어갈 생각은 없어 보였다. 사실 좀 비싸긴 했지만, 아이들을 데리고 온다면 학습 차원에서 들어가 볼 만하겠다.

국민 대다수가 가톨릭을 믿는 포르투갈에서는 어디를 가나 오랜 전통을 가진 성당을 만날 수 있다. 불교를 믿지만 여러 신들을 모시고 모든 일에 의미를 둔다는 태국인 친구는 문 열린 성당을 그냥 지나치지 않는다. 얼마 전 TV에서 본 태국 출신의 아이돌이 태국 사람들은 모든 일에 의미를 둔다며 '의미 부여에 진심인 나라'라고 한 말이 생각난다. 동전을 기부하고 양초에 불을 붙여 짧은 기도를 올리는 그녀를 따라 우리도 촛불을 붙이고 소원을 빌었다. 진심이 느껴지는 그들 부부가 더 좋아졌다.

'좋은 친구들과 함께하는 이 시간에 감사하며, 우리의 우정에 축복을 내려주십시오!'

즉흥적인 결정으로 방문한 카실라스에서 열심히 돌아다닌 우리는 점심을 먹기 위해 식당을 찾아 나섰다. 여행자들을 유혹하는 팬시한 레스토랑은 우리의 선택지가 아니었다. 두 독일 남자는 현지인들이 식사를 하고 있는 식당을 찾아냈고, 그곳에서 우리는 포르투갈식 점심을 즐겼다. 푸근한 동네 아저씨 같은 사장님의 추천 메뉴는 이름도 기억나지 않지만, 우리 입맛에 잘 맞았고 곁들인 와인도 만족스러웠다. 무엇보다 오랜만에 만난 친구 부부와 나누는 이야기들이 그 시간을 더 즐겁게 만들어주었다.

식사를 마친 후, 강 건너 산타 카타리나 전망대에서 보았던 구세주상까지 걸어보기로 했다. 그러나 결국 날씨가 우리의 발목을 잡았다. 다시 쏟아지는 비를 피해 카페로 들어가 한참 동안 기다렸지만 비는 그칠 기미가 보이지 않았고, 하는 수 없이 리스본으로 돌아와야만 했다. 아름답게 꾸며진 강변을 더 걸어보고 싶었는데 아쉬움이 남았다.

하루 종일 돌아다니며 비에 젖어 한기를 느끼던 우리는 각자 숙소로 돌아가 쉬다가, 비가 그친다고 예보된 밤 아홉 시쯤에 다시 모이기로 했다. 그러나 그날 밤 비는 계속되었고, 비록 조금 이른 은퇴자들이긴 해도 연로한 우리는 빗속에 나가 즐길 만큼 한창때가 아니므로 잘 자라는 메시지를 주고받으며 즐거웠던 하루를 마무리했다.

기차 타고
　신트라

　우리가 독일에서 온 친구 부부와 함께한 다음 나들이는 리스본 근교에 있는 신트라Sintra로 떠난 여행이다. 그 전날 친구 부부는 아쿠아리움을 관람했고, 우리는 아줄레주에 진심인 랄프의 취향에 따라 골동품상점과 아줄레주 판매점을 돌아다니며 시간을 보냈었다. 다시 만난 우리는 아름다운 신트라의 궁전을 보러 가기로 하고 기차를 탔다. 신트라는 리스본의 북서쪽에 위치한 작은 도시로, 아름다운 자연경관과 역사적 건축물들이 어우러져 있는 곳이다. 중세적인 도시 분위기와 울창한 숲으로 둘러싸인 신비한 느낌의 궁전들이 관광객들을 불러 모으고 있다.

　신트라로 가는 기차는 물결무늬의 칼사다가 유명한 호시우 광장 앞 호시우역에서 탈 수 있다. 우리가 도착하니 플랫폼에는 이미 많은 사람이 신트라행 기차를 기다리고 있어 그곳의 유명세를 바로 알아볼 수 있었다. 다행히 긴 기차가 20분 간격으로 계속 운행되고 있어 어려움 없이 탑승할 수 있었고, 호시우역이 출발역이라 네 명이 마주 앉아 떠들며 편안하게 신트라까지 갈 수 있었다.

40분쯤 달려 신트라역에 내리자, 이번에는 툭툭이 기사들이 관광객들을 기다리고 있었다. 우리가 가려고 하는 페나성을 포함하여 이곳의 유명한 성들에 닿으려면 걸어서 한 시간 이상 걸리는 거리에 있어 많은 사람이 툭툭이나 버스를 이용한다. 페나성은 여행안내소에서 걸어서 75분 정도 거리에 있다고 적혀 있었다.

우리는 먼저 근처 식당에서 점심을 먹고 본격적으로 신트라 골목길 투어를 시작했다. 유명 관광지답게 신트라는 관광객 맞춤형으로 잘 발달한 수많은 기념품 가게뿐만 아니라 식당들도 즐비해서 많은 관광객들을 어렵지 않게 소화해 내고 있었다. 좁은 골목이 어찌나 붐비는지 리스본 시내에 다시 돌아온 느낌이 들 정도였지만, 작은 가게와 식당들이 예쁘고 멋스러워 그냥 지나치기가 아쉬웠다. 그러나 시간이 이미 오후로 넘어가 있어 페나성을 먼저 돌아본 후 내려오는 길에 다시 그 골목을 늘르기로 하고 목적지를 향해 열심히 걸었다.

복잡한 거리를 벗어나니 본격적으로 시원한 숲길이 보였다. 거기서부터 최소 한 시간 이상 걸어야 하니 마음을 다잡고 걸음을 옮기고 있는데, 태국인 친구가 슬쩍 내 옆구리를 찌르며 툭툭이를 타자고 꼬드겼다. 남자들에게 말했지만 씨알도 먹히지 않았고, 급기야 우리는 둘이서만 툭툭이를 타고 성을 향해 먼저 올라갔다.

걸어서 올라올 그들에게 조금 미안했지만, 툭툭이는 탁월한 선택이었다. 우리를 태운 툭툭이 기사는 20대의 젊은 여자였는데, 언덕 위에 멈춰 서서 멀리 대서양의 경치를 보여주며 유창한 영어로 신트라에 대한 설명도 들려주었다. 이렇게 여행 가이드까지 해주니 10유로(1인당)가 전혀 아깝지 않았다. 신이 난 우리는 툭툭이 기사가 틀어준 음악에 맞춰 춤을 추고 소리도 지르며 그 시간을 즐겼다. 시원한 바람을 가르며 숲길을 달리다 보니 어느새 산 위의 티켓 부스에 도착해 있었다.

우리를 먼저 보낸 두 남자는 가파른 숲길을 얼마나 열심히 달려왔던지 우리가 도착하고 얼마 지나지 않아 숨이 턱에 걸린 채 뛰어왔다. 분명히 한 시간 거리라고 했었는데 채 30분도 안 걸린 것 같았고, 빠르게 올라온 그들 덕분에 우리는 늦지 않게 페나성에 들어갈 수 있었다.

동화 속 공주가 살 것 같은 페나성은 알록달록한 성벽의 색채만큼이나 높고 신비한 느낌의 성이다. 1995년 유네스코 세계문화유산으로 등재된 이곳은 19세기 유럽 낭만주의 건축의 대표작으로 일컬어진다. 궁전 주변의 넓은 정원과 함께 돌아보면 좋다.

성 내부 입장은 많은 사람이 한꺼번에 몰리는 것을 피하고자 입장권에 기재된 시간에만 들어갈 수 있도록 허용한다. 그 시간 전에 도착하더라도 들어갈 수 없으니, 성 주변과 기념품 가게를 돌아보며 시간을 보내면 된다. 늦은 오후에 도착한 우리는 가장 마지막 입장

언덕 위의 페나성

시간인 오후 5시 관람자에 속했다. 사진을 찍으며 기다리다가 드디어 입장 시간이 되었고, 성의 내부를 돌아보는 데만 한 시간 이상 걸린 것 같다. 층마다 다른 용도의 방들이 이어져 있었고, 왕과 왕비의 방뿐만 아니라 집사와 시종이 대기하는 방들까지 화려하게 꾸며진 내부의 디테일은 실로 엄청났다. 그 시절에 높은 산 위에 이런 건물을 세웠다는 사실이 놀라울 따름이었다.

페나성이 위치한 곳은 고도가 높아 사방에서 아름다운 경치를 만날 수 있다. 특히 신트라 도심과 대서양까지 보이는 드넓은 풍경은 한마디로 장관이다. 올라가는 길이 힘들긴 하지만 의미 있는 시간이었고, 친구 부부와 함께여서 더 즐거웠다. 주변에 무어인들이 지은 성과 다른 볼거리들이 많이 있었지만, 우리가 페나성을 돌아보고 나왔을 때는 이미 저녁 6시가 넘어버려 아쉬움을 간직한 채 리스본으로 돌아가야 했다.

우리가 궁전 내부 투어를 시작한 시간은 오후 5시 마지막 시간대였고, 거의 마지막으로 성에서 퇴장했다. 역시나 툭툭이, 버스, 승용차들이 가득 대기하고 있었지만 깐깐한 독일 남자들 틈에서 더 이상 반항하지 못하고 함께 걷기를 택했다. 그 길에서 걷는 사람은 우리 밖에 없었고, 쉴 새 없이 툭툭이, 버스, 승용차들이 옆을 스쳐 갔다. 그러거나 말거나 독일 남자들의 실없는 농담에 웃고 떠들며 리스본을 가리키는 표지를 따라 걸어 내려왔다.
그런데 이상하게 한참을 걸었는데도 여행자들로 붐비던 예쁜 거리가 나타나지 않는 것이었다. 이상함을 느낀 우리는 그제야 제대로 검색을 시작했다. 하지만 구글맵은 신트라역까지 가려면 거기서부터 30분 이상을 더 걸어야 한다고 알려주었다. 엉뚱한 곳으로 너무 멀리 와버린 거였다. 우리가 본 리스본 이정표는 차들을 위한 것이고, 그곳에서 리스본까지 걸어갈 사람은 없다는 점을 간과한 것이 우리가 길을 잃은 원인이었다.
결국 가까운 버스정류장을 찾아 맨 먼저 오는 버스에 올랐다. 버스요금이 얼마인지도 몰랐던 우리가 현금을 준비하는 동안 버스 기사와 주변의 다른 승객들은 감사하게도 불평 없이 기다려주었다. 퇴근 시간의 버스는 혼잡했고 우리로 인해 지체되는 것이 미안했지만, 리스본으로 돌아가야 했던 우리는 달리 방법이 없었다. 그리고 함께 버스를 탔던 승객의 도움으로 신트라역에 도착해 막 출발하려는 기차에 올랐다.

　우리의 고난은 거기서 끝이 아니었다. 다행이라며 웃고 떠드는 우리와 달리 두세 역을 지나오자, 친구 남편의 안색이 굳어지더니 스마트폰을 뒤적이기 시작했다. 알고 보니 이 기차는 우리가 가야 하는 호시우역이 아니라 다른 곳으로 가는 기차였다. 기차의 안내 화면에 뜨는 최종 목적지가 전날 그들 부부가 다녀온 아쿠아리움이 있는 곳이라 이상함을 느낀 그가 노선 안내도를 확인한 것이었다.

　우리는 모두가 무모하게도 기차는 당연히 호시우역으로 간다고 생각했었다. 다행히 환승할 기회가 남아 있었고, 다음 역에서 내려 곧 도착할 예정인 호시우행 기차를 타기 위해 사력을 다해 뛰어갔다. 한 층 아래 계단으로 연결된 뒤편의 선로여서 전력 질주를 거듭하며 뛰어 올라가니 때마침 호시우행 기차가 들어오고 있었다. 한바탕 소동을 벌인 후 거친 숨을 몰아쉬며 극적으로 기차에 오른 우리는 다 함께 웃음을 터트렸다. 함께 나눌 즐거운 추억이 하나 더 생겼을 뿐 누구도 그 상황에 대해 화를 내거나 속상해하지 않았다.

　독일에서 온 친구 부부와 리스본에서 소중한 추억을 쌓은 우리는, 리스본 여행을 마치고 독일을 여행하면 그들이 사는 도시를 방문하겠다고 약속했었다. 그리고 우리는 독일의 친구 부부 집에서 다시 만났다. 호주와 한국에 사는 친구가 독일에 사는 친구들과 한 해에 세 번이나 만났다는 사실이 놀라울 수밖에 없지만, 그만큼 서로를 이해하며 가까운 친구로 받아들였다는 뜻이라고 생각한다.

이 글을 쓰는 지금도 그들의 유쾌한 모습이 떠올라 미소 짓게 된다. 지금처럼 서로 소식을 나누고, 기회가 된다면 함께 여행하며 좋은 친구로 살아가고 싶다. 멀리 있어도 가끔 생각나고, 생각하면 저절로 마음이 따뜻해지는, 친구는 그런 존재다.

오버투어리즘과
리스본

최근 유럽 경제가 전반적으로 침체해 있는 와중에도 포르투갈만큼은 선방하고 있는데, 그 이유가 관광산업에서 비롯된 것이라는 기사를 읽었다. 그만큼 관광업의 비중이 높은 곳이 포르투갈이다. 리스본만 해도 관광객의 과밀화로 인한 우려의 목소리가 나올 만큼 세계 각지의 여행자들이 찾고 있다.

사실 오버투어리즘으로 인한 문제점과 피해 상황을 말할 때 가장 대표적인 도시는 스페인 바르셀로나와 이탈리아 베네치아이다. 바르셀로나의 경우, 관광객을 대상으로 하는 단기 숙박이 급격히 증가하면서 주택 임대료가 치솟아 정작 현지의 주민들은 살던 곳을 떠나야 하는 상황이 발생했고, 상점과 레스토랑들은 관광객 위주로 바뀌어 전통적인 지역 상권이 붕괴하는 젠트리피케이션 문제가 심각하다고 한다. 도시 전체가 유네스코 세계유산으로 등재된 베네치아는 관광객이 몰리면서 해수면이 상승하고 수질이 오염되었을 뿐만 아니라 건축물 훼손까지 심각한 상황이라고 한다. 급기야 유네스코에서 '위험에 처한 세계유산' 목록에 베네치아를 추가할 가능성이 있다고 경고하는 상황에까지 이르렀다.

오버투어리즘으로 발생한 문제를 해결하기 위해 바르셀로나는 관광세를 인상하고 숙박을 제한하는 정책을, 베네치아는 크루즈선의 입항 금지와 관광세 도입 등의 정책을 내놓고 있지만 관광산업이 도시 경제에 미치는 영향이 큰 만큼 완벽한 해결책을 찾기가 쉽지 않은 것 같다.

이런 일들은 관광객들로 넘쳐나는 리스본에도 곧 닥칠 문제처럼 보인다. 우리가 거주했던 숙소와 주변의 집들도 대부분 관광객이 수시로 드나드는 숙박업용 거주지로 변해 있었다. 리스본 역시 바르셀로나처럼 원래의 임대인들이 외곽으로 밀려나는 일이 생기고 있을 것 같다. 게다가 소음문제도 심각하다. 우리가 이미 잠을 설치며 경험한 것처럼 한밤중에도 술에 취해 떠들며 몰려다니는 관광객들이 허다하다. 일부 무분별한 관광객들의 추태라지만 이곳에 살고 있는 현지인들의 삶은 여간 불편한 것이 아닐 것 같다.

관광산업이 리스본에 사는 현지인들에게도 이미 심각한 불편과 문제를 초래하고 있지만, 한편으론 지역 경제를 살리고 많은 사람에게 일자리를 제공하며 삶의 방편이 되어주는 일이다 보니 무작정 규제할 수도 없을 것이다. 아름다운 리스본과 세계의 문화유산을 오래

오래 보존하는 일은 우리 모두의 몫이다.

　오버투어리즘의 문제가 아니더라도 우리는 건전한 여행자이기 위해 노력한다. 아름다운 사람은 머문 자리도 아름답다고 했다. 여행을 가면 우리가 머문 곳을 청소할 사람들을 생각하며 신경 써서 뒷마무리하게 된다.
　리스본에서도 집주인이 알려주지 않은 쓰레기 처리 방법을 찾던 우리는 숙소 근처에서 쓰레기 배출함을 발견했다. 일반 쓰레기와 재활용 쓰레기를 구분해서 버리는 큰 통들이 골목길 한쪽에 늘어서 있어 쓰레기가 적당히 모이면 그곳에 들고 가서 버리곤 했다.
　유리병을 모으는 통은 늘 넘쳐나고 있었다. 리스본에 머무는 동안 우리가 버린 와인 병만 해도 수월찮았으니 당연한 일일지도 모르겠다. 그러나 자율적으로 분리하는 골목길의 쓰레기통들이 기대만큼 잘 운영되는 것은 아니어서 재활용품 쓰레기통에 여러 가지 생활 쓰레기들이 뒤섞여 있는 경우가 많아 안타까웠다. 아마도 저 쓰레기들을 수거해가면 재활용을 위해 다시 분리하고 정리하는 일들을 누군가가 하고 있을 것이다. 내가 은퇴했다고는 해도 아직 완전히 벗어버리지 못한 공무원 시점의 걱정이겠지만 말이다.

　1990년대 중반에 들어서며 우리나라에서 쓰레기 종량제가 처음 시행되었다. 돈을 내고 산 종량제 봉투에만 쓰레기를 버려야 한다는 것이 익숙하지 않았고, 새로운 세금이 생긴 것과 마찬가지이니 금액의 많고 적음을 떠나 부담이 되던 시절이었다. 그러다 보니 종량제가 실시되고 난 이후에도 한참 동안 일반 봉투에 담겨 버려지는 쓰레기들이 골목길에 뒹굴었다.

당시 내가 근무했던 구청에서는 이를 단속하기 위해 공무원들을 동원했다. 밤 10시가 넘으면 두세 명이 조를 짜서 야간 단속을 나갔다. 각자 정해진 구역에서 버려진 일반 쓰레기봉투를 열고, 그 안에서 쓰레기를 내다 버린 사람을 특정할 수 있는 단서를 찾아내야 했다. 가끔 집 주소가 적힌 종이나 당사자를 추정할 만한 단서들이 나오면 그것을 토대로 과태료가 부과되기도 했었다.

다시 생각해도 웃기고 슬픈 일이 아닐 수 없다. 한밤중에 우리 엄마나 아빠가 어두운 골목길을 어슬렁거리며 버려진 쓰레기봉투를 뒤지고 있다고 상상해 보라. 요즘 같으면 바로 CCTV 관제센터를 통해 경찰이 출동할 만한 일이지만, 자괴감보다는 공무원이라는 사명감으로 그 일을 해내던 시절이었다. 이런 '라떼 시리즈'가 말도 안 되는 이야기처럼 들리겠지만 그 시절엔 당연히 해야 하는 일이었고, 진짜로 있었던 일이다.

리스본 골목길에서 그 시절을 떠올리며 혼자 웃었다. 지금은 그때에 비해 훨씬 합리적이고 효율적으로 공무원의 노동시간과 노동력을 운영하고 있지만, 여전히 지방직 공무원의 업무 스펙트럼은 방대하다. 그리고 대부분의 공무원들은 시민의 안녕과 평화를 위해 기꺼이 그 일을 해낸다. 철밥통이라 비난받으면서도.

그리움으로
세투발

독일에서 온 친구 부부가 여행을 마무리하고 돌아간 후, 우리는 그들이 떠난 자리의 허전함을 달래기 위해 리스본에서 벗어나기로 했다. 몇 년 전 포르투갈을 여행했던 랄프가 다시 가고 싶은 장소로 꼽았던 세투발Setúbal이 그날의 목적지였다. 우리는 기차를 타기 위해 메트로를 타고 세테 리오스Sete Rios 역을 찾아갔다.

세투발은 리스본에서 기차로 한 시간 정도 걸리는 바닷가의 항구도시이다. 그곳으로 가는 기차는 40분에서 1시간 간격으로 운행되고 있었고, 11개의 역을 지나서 한 시간 후에 우리를 세투발역에 내려주었다.

기차에서 내린 우리는 시가지를 향해 걸었다. 자동차, 트램, 툭툭이가 정신없이 돌아다니던 리스본의 좁은 도로와 확연히 다르게, 넓게 펼쳐진 도로 위를 오가는 자동차들이 한가로워 보였다. 넓은 거리를 따라 조금 걸어가자 시원하게 펼쳐진 공원이 나타났다.

조경이 잘 꾸며진 공원 안에는 분수와 예쁜 조형물들이 서 있고, 놀이터에서 뛰노는 아이들의 모습이 행복해 보였다. 그곳에서 한가로이 시간을 보내고 있는 사람들 틈에 끼어 수다를 떨거나 잔디밭에 누워 낮잠을 즐기고 싶은 유혹이 느껴질 만큼 세투발의 첫인상은 편안하고 여유로웠다.

공원을 지나 구도심 쪽으로 들어가니 식당과 카페, 기념품 가게들이 모여 있었다. 야외카페에서 시간을 보내고 있는 여행자들과 눈인사를 나누며 기념품 가게를 기웃거리다가 독특한 장식으로 꾸며진 거리에 접어들었다. 치어리더들이 응원 도구로 쓰는 폼폼 같이 생긴 긴 플라스틱 띠 장식이 거리 위 하늘을 가득 채우고 있었다. 보라색과 흰색의 띠가 번갈아 설치된 장식물 아래에 서니 축제에 온 것처럼 마음이 설레었다.

이 장식물은 시민과 상인들이 참여하는 주민공동체의 자발적인 프로젝트로 만들어졌다고 한다. 재활용 플라스틱으로 만든 것들로 시기에 따라 테마와 색상을 달리하며 거리를 장식한다니 지역과 환경을 사랑하는 이곳 사람들의 따뜻한 마음이 느껴져 내게 깊은 인상으로 남았다.

골목을 따라 동네를 돌아본 우리는 항구가 있는 해변으로 나갔다. 다양한 색상과 디자인의 돌고래 조형물들이 줄지어 서 있는 해변의 공원은 늦여름의 햇살을 즐기려는 사람들이 한가로이 시간을

폼폼으로 장식된 거리

보내고 있었다. 여전히 따가운 햇살을 피해 나무 그늘에 앉아 바다를 바라보고 있는 사람들, 낚시를 즐기는 사람들, 바닷가를 산책하고 있는 사람들이 조용한 해변을 즐기고 있었다. 무심히 카메라 셔터를 누르니 군더더기 없이 깔끔한 풍경 사진 한 장이 완성되었다. 우리도 해변공원을 한참 동안 걸었으니 아마도 누군가의 사진 속 풍경 안에 담겨 있을 것이다.

해변을 걸으며 세투발의 가장 높은 언덕 위에 있는 성 필리페 요새Castelo de São Filipe를 볼 수 있었다. 세투발의 유명한 관광지인 이곳에 올라가면 바다를 내려다보는 아름다운 전망과 포르투갈 역사의 흔적을 찾아볼 수 있다고 한다.

우리가 갔을 때 요새는 보수공사를 하는지 천막으로 가려져 있었다. 랄프가 내게 가보고 싶은지 물었지만, 거기까지 올라갈 자신이 없었던 나는 공사 현장을 가리키며 고개를 저었다. 리스본 도심에는 그렇게 많이 다니던 툭툭이가 세투발에는 없었다. 지친 나의 표정을 본 랄프는 다음에 가자며 고맙게도 요새를 포기해 주었다.

때마침 왓츠앱 그룹 채팅이 울렸다. 먼저 독일로 돌아간 친구가 우리의 안부를 물어왔다. 다시 일상으로 돌아간 그들은 우리의 남은 여행을 궁금해했다. 나는 함께 오지 못한 아쉬움을 담아 방금 찍은 세투발 해변의 사진을 보냈다. 이곳의 아름다운 모습은 물론, 상쾌한 해변의 바람까지 전달하고 싶었다. 겨우 며칠 전에 헤어진 그들이 그리워졌다.

조용하고 평화로운 세투발 해변

 우리는 조용한 해변을 따라 한참을 걸어 랄프가 기억하는 해산물 레스토랑에 도착했다. 그런데 바로 전날부터 휴가에 들어간다는 안내문을 붙여놓고 식당 문이 굳게 잠겨있었다. 랄프는 안내문의 내용을 확인하고도 한참 동안 그 앞에 서서 아쉬워했다. 그가 세투발에 온 가장 큰 목적이 사라진 순간이었다.
 실망한 우리는 하는 수 없이 바닷가에 위치한 여러 레스토랑 중 한 곳으로 들어가 늦은 점심을 먹기로 했다. 아쉬워하는 그와 달리, 나는 유명한 휴양지 해변의 멋진 야외식당에 온 듯 그곳의 분위기가 마음에 쏙 들었다. 우리가 주문한 생선구이와 문어 요리, 그리고 화이트와인을 합친 가격이 리스본에서 먹은 점심값의 세 배 정도였지만, 평소에 알뜰한 우리니까 한 번쯤 이 정도의 사치를 부려도 괜찮다고 그를 설득했다. 하지만 그는 가고 싶었던 식당이 문을 닫아 실망했고, 비싼 레스토랑을 우긴 나를 못마땅해했다.

"이 식당은 비싼데 음식 맛도 별로네. 내가 가려던 식당과는 비교도 안 돼!"

랄프는 연신 투덜거렸지만, 그러거나 말거나 대서양을 바라보며 멋진 레스토랑을 제대로 즐긴 나는 행복하기만 했다.

식사를 마치고 구도심으로 돌아온 우리는 뒷골목을 따라 좀 더 걸어보기로 했다. 아줄레주로 꾸며진 예쁜 집들 사이를 걷다 보니 다른 세계로 이어질 것 같은 아치문이 나오고, 작은 전망대가 우리를 기다리고 있었다. 전망대에서 보이는 도시는 설명이 필요 없는 한 폭의 그림이었다. 전망대 공원 곳곳에 아줄레주로 꾸며진 벤치들은 여기가 포르투갈이라고 알려주고 있었다.

세투발은 잠시 다녀가기엔 아쉬움이 남는 곳이다. 다음에 리스본을 다시 오게 된다면 세투발의 밤바다를 즐겨보고 싶다. 랄프도 같은 마음으로 이곳에 다시 오자고 약속했다. 그리고 저녁 무렵 우리는 리스본으로 돌아오는 기차에 몸을 실었다.

세투발행 기차는 '4월 25일 다리'를 지난다. 다리 위에서 바라보는 창밖의 풍경은 한 편의 영상을 보는 듯 감동 자체였다. 그리고 날씨 요정은 우리 편이라, 돌아오는 기차 안에서 벨렝 지구의 아름다운 일몰을 파노라마로 즐길 수 있었다. 드론을 띄운다고 해도 이렇게 딱 맞는 지점에서 멋진 영상을 날려주긴 힘들 것 같았다. 우리는 서로의 감동을 지켜주려는 듯 말없이 창밖의 석양을 감상했다. 노을빛에 물든 도시를 보며, 어느새 우리가 리스본을 떠날 시간이 다가왔다는 사실에 눈시울이 붉어졌다.

정리가
필요해

　스티브 잡스가 이루어낸 혁명 중의 하나가 프리스타일의 옷차림이다. 잡스를 기억하는 많은 사람은 까만 터틀넥 셔츠와 리바이스 청바지, 뉴발란스 운동화를 그의 아이콘 같은 스타일로 떠올린다. 형식에 얽매이지 않은 잡스의 옷차림이 혁신적인 사고의 바탕이라도 되는 것처럼 스타트업을 필두로 많은 기업들이 정장으로부터의 해방을 선언하며 직장인의 옷차림도 많이 바뀌었다. 우리 같은 공조직에서도 일주일 중 하루를 '자율복장의 날'로 지정할 정도였으니, 획일적인 복장보다 개성을 살린 편안한 복장을 선호하는 분위기는 이어지고 있다.

　나도 직장인이 되어 새내기 시절에는 셔츠에 청바지 같은 옷들을 편하게 입었다. 하지만 직장에서의 위치가 바뀌고 외부 활동이 많아지다 보니 나의 출근복은 점차 정장 스타일로 고정되어갔다. 잦은 회의와 행사, 외부 미팅에 참석할 때 예의에 벗어나지 않는 무난

한 차림이 그것이기 때문이다. 학창 시절 고민 없이 입었던 교복처럼 패션 트렌드에 크게 영향을 받지 않는 슈트 차림이 편했다. 그나마 스티브 잡스가 유행시킨 트렌드 덕분에 재킷으로 가볍게 커버한 캐주얼한 세미 정장을 편하게 입을 수 있었고, 불편한 구두 대신 슬립온이나 깔끔한 운동화를 신는 것도 어색하지 않게 된 것은 긍정적인 변화였다.

퇴직 후에 시간이 많아지고 집안을 찬찬히 돌아보니 세월의 흔적과 함께 쌓여온 물건들이 주인처럼 앉아 있었다. 바쁘다는 핑계로 두서없이 넣어둔 것들, 언젠가는 쓸 것이라는 미련으로 버리지 못한 것들이 집안 구석구석을 채우고 있었다. 계절이 바뀔 때마다 옷장 정리며 대청소를 하면서 버릴 것들을 꺼내놓았지만, 막연한 불안감이 앞을 막아 다시 되돌려 놓았던 나의 미련함이 지금의 혼돈을 초래한 것이었다.

집안 정리를 결심하고 옷장부터 열었다. 여전히 자리를 차지하고 있는 많은 정장 슈트외 한동안 꺼내시도 않았던 옷들이 옷장을 채우고 있었다. 경조사나 모임에 대비하여 몇 벌의 정장을 남기고는 입지 않을 옷들을 차례로 꺼내 큰 상자에 담았다. 첫 번째 옷에 대한 미련을 버리고 나니 나머지도 정리할 용기가 생겼다. 앞으로 나의 옷장은 여행이나 가벼운 운동을 위해 필요한, 내 마음처럼 편안한 옷들로 채워질 것이다. 더 이상 입지 않을 옷들은 깨끗하게 세탁해서 '아름다운 가게'로 보냈다.

먼지 쌓인 책장도 고민이었다. 책은 절대 버릴 수 없다는 신념으로 다시 보지 않을 책을 쌓아두다 보니 꽂힌 책들 위에 겹쳐 쌓인 책들로 책꽂이가 제 기능을 못 하고 있었다. 최근에는 도서관에서 책을 빌려보거나 전자책으로 독서 패턴을 바꿔 집으로 들어오는 책이 줄어들긴 했지만, 책장 다이어트가 급선무였다.

직장을 다니며 나의 독서는 일과 관련된 분야로 편중되어 있었고, 수많은 자기계발서와 세심하게 읽지도 않은 인문학 서적들이 쌓여 있었다. 그나마 좋아하는 작가의 작품이나 같은 출판사의 시리즈가 정리되어 있는 몇 칸은 보기에도 깔끔하고 소장할 의미가 있어 뿌듯하다. 더 이상 손이 가지 않을 책의 일부는 중고 서점에 내다 팔고, 일부는 옷과 함께 아름다운 가게로 보냈다. 더불어 주방과 냉장고를 정리하고, 창고 팬트리에 쌓인 물건들까지 정리하고 나니 작은 집이 갑자기 넓어진 느낌이다. 게으르게 살아온 나를 반성했다.

며칠 동안 집안을 정리하다가 문득 '사람과의 관계에도 정리가 필요할까?' 하는 의문이 들었다. 스마트폰에 저장된 수많은 전화번호의 주인과 나와의 관계를 되돌아보는 일을 말한다. 맙소사! 내 스마트폰에도 오래된 전화번호가 넘치고 있다.

한 친구는 일을 그만둔 후부터 다시는 연락하지 않을 것 같은 사람들의 전화번호가 눈에 띄면 깔끔하게 삭제해 버린다고 한다. 극단적으로 들리지만 현실적이다. 굳이 전화번호부를 뒤져 대상자를 선택하고 삭제하는 수고까지 할 필요는 없겠지만, 나의 스마트폰에 저장된 번호들은 대부분 일로 만난 사람들이다. 그렇게 저장된 번호들은 상호 간의 목적이 사라지면 삭제되기 마련이다.

사람과의 관계는 굳이 정리하려 노력하지 않아도 시간이 흐르면 자연스럽게 정리된다. 마음으로 연결된 친구라면 오래 못 보더라도 만나면 반갑고 인연은 계속 이어진다. 문득 보고 싶거나 궁금한 사람이 있다면 기다리지 말고 먼저 연락하면 될 일이다. 어쩌면 그들도 같은 마음이지만 바빠서 연락하지 못한 것일 수도 있다. 나도 누군가에게는 그리운 이름으로 간직되어 있을지도 모를 일이다.

아름다운 마무리는 살면서 여러 종류의 일들에 적용될 수 있겠지만, 삶을 마감하는 단계에서 가장 빛을 발할 듯하다. 며칠 전 정기검진을 위해 다니는 대학병원에 갔었다. 입구에 들어서니 '연명의료 결정제도'를 홍보하는 부스가 눈에 띄었다. 평소에 관심을 가졌던 일이라 다가가서 홍보 리플릿을 챙겨왔다.

그 자료의 첫 장을 보면 '인생의 마지막 순간, 당신의 선택을 존중합니다'라고 쓰인 글 아래로 다정한 노부부가 손을 잡고 서 있다. 자료에 따르면 연명의료 결정제도란 '임종 과정에 있는 환자의 의사를 존중하여 치료의 효과 없이 생명만 연장하는 의학적 시술(연명의료)을 유보하거나 중단할 수 있는 제도'라고 한다. 연명의료 중단 항목과 의향서 작성에 대한 설명과 함께 보건복지부가 지정한 등록기관에 방문하여 사전연명의료의향서를 작성할 수 있다고 친절하게 안내되어 있다.

통계청의 발표에 따르면, 우리나라 평균 수명은 2023년 기준 83.5세이다. 성별로는 남성이 80.6세, 여성이 86.4세로 여성의 기대 수명이 조금 더 길게 나타났다. 삶의 마지막 단계에 이르러 깔끔하게 이번 생을 로그아웃할 수 있다면 얼마나 좋을까. 나 자신이 너무 힘들지 않도록, 그리고 딸과 주변에 짐이 되지 않도록 아름답게 마무리하고 싶다. 적당한 시기에 사전연명의료의향서를 작성하고 국가 시스템에 등록해 두어야겠다.

은퇴 이후 나와 내 삶에 관련된 몇 가지를 정리하며 앞으로의 삶에 대해 구상해보기도 했다. 하지만 지금은 무엇보다 현재의 삶을 충실히 살아볼 생각이다. 얼마나 오래 사느냐보다 얼마나 만족한 삶을 사느냐가 더 중요할 것이다. 그리고 한 번에 너무 큰 충격이 되지 않도록 가끔 주변을 돌아보고 정리하는 시간을 가져야겠다.

에스프레소 잔에
담긴 정情

　길 것 같던 리스본살이도 순식간에 지나가, 어느새 떠날 시간이 다가오니 아쉬움이 눈덩이처럼 커졌다. 리스본 안에서도 여전히 못 가본 곳들이 있고, 다녀온 곳들 중에서도 다시 가보고 싶은 곳이 있기 때문이다. 랄프는 다음에 다시 리스본에 올 때를 위해 포르투갈어를 공부하고 싶다고 했다. 그만큼 리스본은 우리에게 깊은 인상을 남겼고, 언젠가 다시 오리라 다짐하게 만들었다.

　리스본을 떠나기 전날, 우리끼리 지정한 단골집을 차례로 돌아다녔다. 타임아웃 마켓에서 나타를 먹고, 알칸타라 전망대 앞 식당에서 하우스 와인을 곁들여 마지막 점심을 먹었다. 오후에는 낯익은 골목길과 광장을 다시 한번 걸었고, 단골 바에서 올리브를 손가락으로 집어 먹으며 맥주를 마셨다.
　그리고 마지막으로 숙소 근처의 작은 가게를 찾아갔다. 리스본

노란 설탕 봉지가 담긴 에스프레소 잔

의 첫날 아침에 우리를 반갑게 맞아준 아주머니께 작별 인사를 하고 싶었다. 에스프레소를 주문하고 스마트폰의 번역기 앱을 열었다. 그동안 눈빛과 몸짓으로 소통해 왔지만, 그날만큼은 제대로 된 포르투갈어로 인사를 하고 싶었다.

"É nosso último dia. Então quero vir aqui dizer adeus."
(오늘이 마지막 날이어서 인사드리러 왔어요!)

긴 문장이 아니니 번역은 제대로 된 것 같았고, 아주머니는 환하게 웃으며 나를 안아주더니 주방 뒤편으로 사라졌다.

잠시 뒤 돌아온 아주머니의 손에는 우리가 마시던 것과 같은 에스프레소 잔 두 개가 들려있었다. 아주머니는 노란 설탕봉지가 담긴 작은 잔 두 개를 내 손에 쥐어주셨다. 놀란 나는 아주머니를 와락 껴안으며 "오브리가다"를 몇 번이나 되풀이했고, 랄프 역시 아주머니에게서 배운 "오브리가도"로 감사의 마음을 전했다. 서로 말은 통하지 않았지만 느낌으로 알 수 있는 감동이 밀려와 찔끔 눈물이 났다. 우리는 리스본의 처음과 마지막을 아름답게 만들어준, 센스쟁이 아주머니를 오래오래 기억할 것이다.

우리식으로 표현하면 정情이라고 할 수 있겠다. 잠시 머물다 떠나는 여행자일 뿐인 우리에게 선뜻 마음을 나누어 준 아주머니의 마음이 진하게 느껴졌고, 노란 설탕봉지가 주는 달달한 인상이 강하게 우리의 기억 속에 남았다. 그날의 감동은 영원히 남아 우리가 리스본을 그리워할 때마다 그 골목의 작은 가게와 친절한 주인아주머니를 생각나게 할 것이다.

이렇게 정 많은 사람들이 사는 곳이 리스본이다. 다음에 또 리스본에 가게 된다면 그 숙소에서 다시 묵지는 않겠지만, 여전히 그 골목의 작은 가게를 지키고 있을 친절한 아주머니를 만나러 그곳을 꼭 찾아 갈 것이다. 랄프와 나는 그렇게 약속하며 다음의 리스본 여행을 꿈꾸고 있다.

리스본에서의 마지막 밤, 우리는 아주머니의 따뜻한 정으로 아쉬움을 달랬다. 노란 설탕봉지가 담긴 두 개의 에스프레소 잔은 나와 함께 우리 집으로 돌아와 행복했던 리스본의 추억을 소환해주고 있다.

Epilogue

첫 출근으로 설레었던 그 날 아침을 생생히 기억한다. 빛나던 20대였고, 무엇이든 할 수 있을 것 같은 자신감이 넘치던 시절이었다. 그때의 나에게 '9급 공무원'이라는 타이틀은 자존심에 큰 상처가 되었고, 3개월 후엔 그곳을 벗어날 것이라 다짐했었다.

그러나 나는 그 계획을 실행하지 못했고, 시간이 흐르면서 오히려 사명감과 자부심으로 내 삶의 중심에 있는 30년 이상의 시간을 보냈다. 일련의 프로젝트를 추진하며 나름의 성과를 거두었고, 그 안에서 얻은 성취감은 자존감을 높여 주었으며, 넓은 세상을 돌아보고 다양한 사람들을 만나는 기회를 얻게 해주었다.

내가 사무관으로 승진했던 날, 직속상관인 국장님이 만들어준 축하 자리에서 감사의 말 대신 에둘러 너스레를 떨었었다.

"사무관 되기가 이렇게 힘든 줄 알았으면 고시를 볼 걸 그랬어요."
"고시는 뭐 쉬운 줄 알아요? 내가 했다고 다 하는 거 아니거든!"

행정고시 출신의 국장님은 눈을 흘기며 맞받아쳤고, 그 자리에 모인 우리는 모두 웃었다. 돌아보니 나에게 지난 30년은 좋은 사람들과 함께하며 행복했던 시간이었다. 이른 은퇴 소식에 진심으로 걱정해 주신 모든 분에게 깊이 감사한다. 그분들 덕분에 감히 건방진 생각도 하게 된다. 이 정도면 나도 잘 살았지!

　　어쩌면 출근 시간의 상쾌함이 그리울지도 모르겠다. 이른 아침 사무실 책상에 앉아 마시던 모닝커피의 진한 맛, 그 날의 할 일을 습관처럼 적었던 다이어리, 차례로 출근하는 동료들에게 건네던 아침인사… 그런 소소한 기억으로 그곳에서의 시간이 그리울지도 모르겠다.

　　조금 이른 은퇴를 준비하며 두려움이 없었던 것은 아니다. 과연 나는 긴 직장 생활 동안 몸이 기억하는 관성을 깨고 구속 없는 세상으로 나갈 준비가 된 걸까. 퇴직한 선배들이 버거워하던 그 시간을 잘 살아낼 수 있을까. 여러 가지 생각들로 머릿속이 복잡해지기도 했지만, 모두 떨쳐내고 나를 믿고 가보기로 한다. 지금까지도 준비 없는 삶을 살아왔는데 이번이라고 안 될 리가!

　　뉴질랜드에 있을 때 다녔던 학교에서 우리를 가르쳤던 선생님이 어쩌다 내 생일을 알게 된 일이 있었다. 수업 시간에 선생님이 생일을 축하해 주셨고, 친구들도 함께 박수로 호응해 주었다. 그런데 그 자리에서 누군가가 내 나이를 물었다. 어떻게 대답할지 고민하고 있던 나를 대신해서 선생님께서 센스 있게 답해주셨다.

"Twenty-nine, again! (다시, 스물아홉 살!)"

그때부터 내 나이는 '스물아홉, again'이 되었다. 그때가 벌써 십 수 년 전이라 지금은 '서른아홉, again'이라고 말하고 다니지만, 그것도 양심에 찔려 이제는 '마흔아홉, again'으로 바꿀지 고민하는 중이다. 나이는 숫자일 뿐이고 재밌자고 하는 말에 죽자고 덤비는 사람은 없지만 스스로 민망할 때가 있기 때문이다.

밝히는 나이와 상관없이 이제 나도 지천명知天命을 넘어 이순耳順을 바라보는 나이가 되었고, 남들보다 한발 앞서 은퇴자가 되었다. 여전히 갈대처럼 흔들리는 나의 얄팍한 정신세계가 부끄럽고, 세상의 이치를 깨치기는커녕 다가가지도 못했다. 그럼에도 불구하고 '내 인생은 나의 것'이라는 믿음으로 새로운 도전을 멈추지 않으며 품위 있는 어른으로 나이 들어가고 싶다. 노사연의 노래 〈바램〉의 가사처럼 '늙어가는 것이 아니라 조금씩 익어' 가며 우아한 어른이 되고 싶다.

지금까지의 내 삶은 무엇이었을까. 여전히 그 질문의 답은 찾지 못했다. 삶은 예기치 못한 방향으로 흘러왔지만, 지나간 시간을 후회하지 않으며 다가올 날들에 대한 기대를 안고 초보 은퇴자의 아침은 언제나 설렌다.

앞으로의 내 삶에 희망한다. 지난 시간 속에서 겪었던 일 중에 좋았던 일만 기억하고, 그 시간을 함께 나눈 사람들과 가끔 만나 회상하며 우아하게 나이 들어가기를! 첫날의 설렘을 잊지 않고 다가올 매일에 감사하며, 하고 싶은 일을 할 수 있는 만큼만 하면서 온화하게 살아갈 수 있기를!

지금 나는 캠핑카를 가진 여유로운 은퇴자는 아니지만 마음만은 어느 때보다 풍요롭다. 엄마의 인생 후반기를 응원하며 든든한 후원자가 되어준 사랑하는 딸이 있고, 우연히 비행기에서 만난 인연으로 내 곁을 든든히 지키고 있는 한 남자가 있다. 나와 함께 떠날 여행을 기대하며 한결같이 기다려준 그와 더 넓은 세상에서 새로운 풍경을 만나며 우리만의 여행을 누리고 있으니 감사할 뿐이다. 앞으로도 검소한 독일 남자와 경제관념이 부족한 한국 여자가 함께 떠나는 우리의 여행은 서로를 이해하려는 노력만큼 더 많은 이야기를 만들어 갈 것이다.

리스본의 빛나는 아침 햇살을 받으며 드넓은 테주강의 윤슬을 바라보는 사이, 나도 대항해시대의 탐험가처럼 다시 꿈을 꾸게 되었다. 앞으로의 내 삶은 미래의 내가 살아갈 것이고, 나의 꿈은 하나씩 이루어질 것이다. 사랑하는 사람과 여행하며 글 쓰며 살아가는 나는 초보 은퇴자이다.

그리고 우리는 여전히 꿈꾸는 청춘이다.

발견기념비와 4월 25일 다리가 보이는 풍경(본문 114P)

카실라스의 랜드마크 빨간 등대 (본문 197P)

산타 카타리나 전망대의 그라피티(본문 107P)

리스본, LIFE IS GOOD

지은이 | 박미경
펴낸이 | 박영발
펴낸곳 | W미디어
등록 | 제2005-000030호
1쇄 발행 | 2025년 9월 30일
주소 | 서울 양천구 목동서로 77 현대월드타워 1905호
전화 | 02-6678-0708
E-mail | wmedia@naver.com

ISBN 979-11-89172-59-6 (03810)

값 17,000원